青春励志文学馆·少年成长智慧故事

余生很贵，请勿浪费

文祺 段红霞 ◎ 编著

长　春

成长寄语

苏格拉底是古希腊著名的大哲学家、思想家，他也是著名哲学家柏拉图的老师。有一天，几个学生问苏格拉底："人生是什么？"苏格拉底把他们带到一片苹果树林，要求他们从树林的这头走到那头，挑选一只自己认为最大最好的苹果，不许走回头路，不许选择两次。

学生们走进苹果树林，认真地挑选自己认为最大最好的苹果，当大家走到果树林的另一端，苏格拉底已经在那里等候他们了。苏格拉底微笑着问学生们："你们都挑到了令自己最满意的果子了吗？"而学生们却是你看看我，我看看你，都没有回答。苏格拉底见状，又问："怎么啦？难道你们对自己的选择都不满意？"

"老师，让我再选择一次吧，"一个学生请求道，"我刚走进果林时，就发现了一个很大很好的苹果，但我还想找一个更大更好的。当我走到果林尽头时，才发现第一次看到的那个就是最大最好的。"另一个学生紧接着说："我和他的情况恰好相反。我走进果林不久，就摘下了一个我认为最大最好的苹果，可是，后来我又发现了更好的。所以，我有点儿后悔。""老师，让我们再选择一次吧。"其他学生也不约而同地请求。

苏格拉底笑了笑，然后坚定地摇了摇头，语重心长地说："孩子们，这就是人生——人生就是一次无法重复的选择，我们每个人都只能选择一次。"

在现实生活中，我们也时刻面临着选择。在选择的过程中，每一个选择都有其道理，人们都认为是对的，然而，到最后总会感觉有些许遗憾，有的选择甚至会是个无法挽回的错误。有许多人在走到生命尽头的时候，会感慨如果有第二次选择的机会，自己一定会更加努力，更加珍惜选择的机会，更加珍爱生命。然而，生命却只有一次，任何人都不能进行第二次的选择。

机遇和时间也一样，错过了就难以再挽回。无论过去是辉煌还是凄凉，无论过去是成功还是失败，人生都不会给我们第二次重来的机会。所以，我们面临每一次选择，都要好好把握；面临每一个机遇，都要牢牢抓住；面临前途，要努力奔跑。这样，我们才会无怨无悔，人生才会少一些遗憾。

每个人的余生都很贵，请勿浪费。请珍惜现在并努力前行！

目录 Contents

第一章 即使你再有才华,也要抓住每次机遇

不放弃任何一个,哪怕只有万分之一可能的机会 …………………… 002
只要敢于尝试,就会赢得更多的成功机会 …………………………… 004
这世上的确有好运,但好运愿意光顾有品格的人 …………………… 006
在某些关键时刻,要勇于自我推荐 …………………………………… 008
抓住来之不易的机会,在机会面前善于表现自己 …………………… 010
做自己分外的工作,常常会获得机遇的垂青 ………………………… 013
当机会出现时,要敢于冒险试一试 …………………………………… 015
看似一些极微小的事情,却有可能造成重大事件 …………………… 017
一次举手之劳,也有可能会挽救一个人 ……………………………… 019

第二章 如果机会不大时,就要想办法争取机会

如果总是害怕某些事,就会错过某些机会 …………………………… 022
在不利的境况中,也能寻找到有利的机会 …………………………… 024
只要好好把握机会,一切皆有可能 …………………………………… 026
对于自己的选择,不要心存抱怨 ……………………………………… 028
当机会来临时,把握住应该属于自己的就行了 ……………………… 030
要学会放弃,放弃一些拖我们后腿的东西 …………………………… 032
有些事情错过了,反而是一种幸运 …………………………………… 034
有些事无法挽回,就让它成为过去 …………………………………… 036
上帝是公平的,给谁的都不会太多 …………………………………… 038

余生很贵，请勿浪费

第三章　学会自制与宽容，人生才会少后悔

自己克制自己，集中精力做事 ……………………………………… 042
自制是种能力，人生贵在自制 ……………………………………… 044
控制住自己的情绪，不要让怒火烧伤自己 ………………………… 046
想说些别人的闲话时，要闭上自己的嘴 …………………………… 048
只有学会谅解别人，才能找回真正的自己 ………………………… 050
忍他人之不能忍，方为人上人 ……………………………………… 053
遇事不要冲动，缓一缓再做决定 …………………………………… 055
谅解曾经伤害过你的人，才是最好的待人之道 …………………… 057
当误会出现时，有话要好好说 ……………………………………… 059

第四章　凡事都要有度，一切都要适可而止

不要贪得无厌，否则会付出惨痛的代价 …………………………… 062
有时才华不宜显，有时聪明需内敛 ………………………………… 064
情况越有利的时候，越应该提高警惕 ……………………………… 067
别因爱而失去理智，爱也需要顾全大局 …………………………… 069
飞来横福的同时，往往隐藏着横祸 ………………………………… 071
地狱和天堂之间的距离，或许仅一墙之隔 ………………………… 073
只有接受对自己的不满，才能不断地取得进步 …………………… 075
看到自己优点的同时，更要看到自己的缺点 ……………………… 077
要想提升自己的价值，先要调整好自己的状态 …………………… 079

余生很贵,请勿浪费

第五章 接受并善待教训,人生才能少走弯路

不要没事找事,否则终会造成祸害	082
相互欺骗和报复,只会使双方都受损	084
一味地追求极致的完美,常会造成极度的缺憾	086
一个人过于张狂,终有没落的一天	088
愚弄别人取乐,终会愚弄了自己	090
自私是一种心理贫穷,往往使美好变成邪恶	092
坏念头不可要,否则会加倍地发生在自己身上	094
错估敌人的实力,等于犯了一个致命的错误	096
友谊应保持一点距离,太近往往会导致疏远	098

第六章 余生很贵,别成为欲望和金钱的奴隶

无止境的贪婪,最终会彻底毁灭一个人 ……………………… 102
贪欲是一种毒药,谁喝了都无药可救 ………………………… 104
要做金钱的主人,不要做金钱的奴隶 ………………………… 106
不要被金钱蒙住了双眼,否则会迷失了世界 ………………… 108
钱财乃身外之物,生带不来死带不去 ………………………… 110
有多少金钱,就会产生多大的欲望 …………………………… 112
想得到越多的东西,失去的往往就越多 ……………………… 114
很多时候,权力只是一个陷阱 ………………………………… 116
不要为了小利益,而放弃远大的梦想 ………………………… 119

第一章

即使你再有才华，也要抓住每次机遇

要想成功，必须有机遇的光临。一个人即使再有才华，如果缺少机遇，他也只能是怀才不遇。其实，只要想想看，你就会发现很多机遇就在我们身边。

不放弃任何一个，哪怕只有万分之一可能的机会

乘着顺风，就该扯篷。——塞万提斯

有一次，约翰·甘布士要乘火车去纽约，这时恰值圣诞前夕，到纽约度假的人很多，因此他事先没有订到车票。

甘布士夫人打电话去火车站询问：是否还可以买到那趟车的车票？车站的答复是：全部车票都已售光。不过，假如不怕麻烦的话，可以带着行李到车站碰碰运气，看是否有人临时退票。车站反复强调"这种机会或许只有万分之一"。

甘布士欣然提了行李，向车站赶去，就如同已经买到了车票一样。

他的夫人问道："约翰，要是你到了车站买不到车票怎么办呢？"

他不以为然地答道："没有关系，我就当是拿着行李去车站散了一趟步。"

甘布士到了车站，等了许久，退票的人仍然没有出现，乘客们都行色匆匆地向站台涌去。但甘布士没有马上离开，而是耐心地等待着。

大约距开车还有 5 分钟的时间，一个女人匆忙地赶来退票，因为她的女儿病得很严重，她被迫改乘以后的车次。

甘布士买下那张车票，搭上了去纽约的火车。

到了纽约，他在酒店里洗过澡，躺在床上给他太太打了一个长途电话。

在电话里，他轻松地说："亲爱的，我抓住那只有万分之一的机会，因为我相信一个不怕吃亏的笨蛋才是真正的聪明人。"

后来，甘布士成了全美举足轻重的商业巨子。

他在一封给青年人的公开信中诚恳地说道：

"亲爱的朋友，我认为你们应该重视那万分之一的机会，因为它将给你带来意想不到的成功。有人说，这种做法是傻子行径，比买奖券的希望还渺茫。这种观点是有失偏颇的，因为开奖券是由别人主持，丝毫不由你主观努力；但这种万分之一的机会，却完全是靠你自己的主观努力。"

成 长 智 慧

西方有一句俗谚："通往失败的路上，处处是错失了的机会。坐待幸运从前门进来的人，往往忽略了从后窗进入的机会。"机会与我们的成败休戚相关，能否把握时机，决定了一个人是否能够有所建树。不要放弃任何一个机会，哪怕这个机会只有万分之一的可能性。

只要敢于尝试，就会赢得更多的成功机会

> 机会不会上门来找人；只有人去找机会。——狄更斯

1973 年，S. 肯尼迪高中毕业（这是他仅有的学历），他想找份工作，并打算从"专业销售"开始。他梦想拥有公司配的又新又好的汽车，一份薪水，外加佣金和奖金，每天西装革履地上班，还有出差的机会。

肯尼迪偶然发现了一则招聘广告：一家出版公司的全国销售经理要在本城待两天，只为招聘一位负责 5 个州内各书店、百货公司和零售商的业务代表。肯尼迪梦想在将来成为作家或出版家，所以"出版"二字对他来说是有吸引力的。广告又说，起初月薪 1600 美元到 2000 美元，外加佣金、奖金、公务费和公司配车。这正是他梦寐以求的工作。

不幸的是，肯尼迪不是他们的理想人选。他去面试时，那位全国销售经理很客气地向他解释，他不是他们要找的人。第一，肯尼迪太年轻；第二，他没有工作经验；第三，他没念过大学。这份工作显然是为年龄在 35 到 40 岁之间、大学毕业，并具有相当丰富经验的人准备的，刚出校园的毛头小子显然不适合。该公司已有几位应聘者待定。肯尼迪竭力毛遂自荐，但招聘者态度坚决——他就是不够格。

这时，肯尼迪亮出了绝招。他说："瞧，你们这个地区缺商务代表已经6个月了，再缺3个月也不会有大碍。听听我的主意：让我做3个月，公司只负担公务费，我不要工资，还开我自己的车。如果我向你证明我能胜任这份工作，你再以半薪雇我3个月，不过我要全额佣金和奖金，还得给我配车。如果这3个月我仍胜任这份工作，你就用正常条件录用我。"

这样，肯尼迪被录用了。在很短的时间里，他重组了销售流程，创下3项纪录：短期内在困难重重的地区扭转乾坤；3个月内，让更多新客户的产品摆满他们的整个摊位；争取到新的非书店连锁的大公司。

3个月以后，肯尼迪有了公司配车、全额工资、全额佣金和奖金。

成长智慧

敢于尝试，常常会带给我们更多的机会，而这些机会正是我们所需要的。莎士比亚说："本来无望的事，大胆尝试，往往能成功。"这句话，我们每个人都应该牢记心中。

这世上的确有好运,但好运愿意光顾有品格的人

一个明智的人总是抓住机遇,并把它变成美好的未来。——托·富勒

在美国南方的一个州,那里用烧木柴的壁炉取暖。过去那儿住着一个樵夫,他给某个人家供应木柴达两年多之久。这位樵夫知道木柴的直径不能大于 18 厘米,否则就不适合那家人特殊的壁炉。

但是,有一次,他给这个老主顾送去的木柴大部分都不符合规定的尺寸。主顾发现这个问题后,就打电话给他,要他调换或者劈开这些不合尺寸的木柴。

"我不能这样做,"这个樵夫说道,"这样所花费的工价就会比全部柴价还要高。"说完,他就把电话挂了。

这个主顾只好亲自来做劈柴的工作。他卷起袖子,开始劳动。大概在这项工作进行了一半时,他注意到一根非常特别的木头,这根木头有一个很大的节疤,节疤明显地被人凿开又堵塞住了。这是什么人干的呢?他掂量了一下这根木头,觉得它很轻,仿佛是空的。他就用斧头把它劈开了,一个发黑的白铁卷掉了出来。他蹲下去,拾起这个白铁卷,把它打开,吃惊地发现里面包有一些很旧的 50 美元和 100 美元两种面额的钞票,他数了数刚好是 2250 美元。

很明显，这些钞票藏在这个树节里已有许多年了。这个主顾唯一的想法是，这些钱应该回到它真正的主人那里。

他抓起电话筒，又打电话给那个樵夫，问他从哪里砍了这些木头。

"那是我自己的事。"这个樵夫说，"如果你泄露了你的秘密，别人会欺骗你的。"

这个主顾尽管做了多次努力，还是无法获悉那些木头是从哪里砍来的，也不知道是谁把钱藏在树内。

故事的结局是：因为无法找到失主，这个主顾成了这些钱的主人，而那个樵夫却没有得到一分钱。

成 长 智 慧

不可否认，在这个世界上，的确有好运的存在。每个人都希望好运能光顾自己，殊不知，好运愿意光顾有品格的人。一个没有品格的人，即使好运来临，他也抓不住。

余生很贵,请勿浪费

在某些关键时刻,要勇于自我推荐

只要有所事事,有所追求,人就把握住了机运的车轮。——爱默生

在围棋界,"棋圣"聂卫平经历了不少风风雨雨,可有什么事最使他难忘呢?

聂卫平在一篇文章中这样写道:"我觉得最难忘的事要数1974年12月9日与日本棋手宫本直毅九段,在上海下的那盘棋了。"

原来，当年这位日本棋手到我国访问，连胜我方6位棋手，并准备以最后一胜庆祝生日。那时聂卫平刚20岁出头，血气方刚，看到日本棋手在我国棋坛畅行无阻，很受刺激，于是他自荐要求上场，态度非常坚决、迫切。

聂卫平终于获准与宫本直毅九段进行其在华的最后一战。这盘棋持续了10个小时，聂卫平最终获得了胜利。

聂卫平回忆道："当人们为我的胜利而感到由衷的高兴时，而我已经连站都站不起来了。我激动不已，感慨万千，欣喜若狂！对于我来说，这是我终生难忘的一天！这一盘棋的胜利太重要了。这不仅是我第一次赢日本九段，而且奠定了我的围棋生涯。"

此后，聂卫平被正式调入了国家队。

成 长 智 慧

一个人有深厚的功底和才华固然重要，但如果不找机会表现出来，别人又怎么会知道？在关键时刻，要勇于把自己推出来，这样才能够抓住成功。需要注意的是，自我推荐并不是无条件的，千万不可信口开河。在自我推荐前，一定要自我掂量一番，要实事求是地估计自己的能力。也就是说，要有自知之明。

抓住来之不易的机会,在机会面前善于表现自己

要注意留神任何有利的瞬时,机会到了莫失之交臂!——歌德

机会来临时,是最需要表现自我的时候。著名节目主持人杨澜正是抓住了这样的机会,才成了家喻户晓的人物。

杨澜的名字借由《正大综艺》、春节联欢晚会深深地烙在了中国观众的心中。作为当时的一名大学生,杨澜的成功颇具典范意义,是很值得剖析的。她人生的转折点来自应聘中央电视台《正大综艺》节目主持人。

在此之前,杨澜只是北京外国语大学的一名普通学生,没有什么惊人之举。如果没有这次机遇的话,杨澜可能也会活得很优秀,但却绝不可能这么早、这么快又是这么轰轰烈烈地成名。

正如杨澜在自传里所说的那样:"如果没有这个意外的机会,今天的我恐怕已做了什么大饭店的什么经理,带着职业的微笑,坐在一张办公桌后面了。"而这个意外机会的把握,正是由于她善于表现自己。

这个机会便是泰国正大集团结束了与几个地方台的合作,转与中央电视台共同制作《正大综艺》。双方决定要挑选一位有大学学历的女孩子做主持人,杨澜也被推荐参加试镜。

说实话,杨澜并不被人看好,只是因为她的气质较佳,所以

才能一路过关斩将杀入总决赛。后据一位导演透露,虽然杨澜被视为最佳人选,但是有的人认为她还不够漂亮,所以是否用她尚不能确定。

最后确定人选的时候到了,电视台主管节目的领导也到场了,他们要在杨澜与另外一位"的确非常漂亮"的女孩子中间选择一人,这将是最后的选择。杨澜的好胜心一下子被激起,她想:"即使你们今天不选我,我也要证明我的素质。"

这次考试两人的题目是:一、你将如何做这个节目的主持人;二、介绍一下你自己。

杨澜是这么开始的:"我认为主持人的首要标准不是容貌,而是要看她是否有强烈的与观众沟通的愿望。我希望做这个节目的主持人,因为我喜欢旅游,人与大自然相亲相近的快感是无与伦比的,我要把自己的这些感受讲给观众听……"

在介绍自己时,杨澜是这样说的:"父母给我取'澜'为名,就是希望我有像大海一样

的胸襟，自强、自立，我相信自己能做到这一点……"

杨澜一口气讲了近半个小时，没有一点文字参考，她的语言流畅，思维严密，富有思想，她很快赢得了诸位领导的赏识。人们不再关注她是否长得漂亮，而是被她的表现深深吸引住了。据杨澜后来回忆说："说完后，我感到屋子里非常安静。今天看来，用气功的说法，是我的气场把他们罩住了。"

当杨澜再次回到那个房间，中央电视台已经决定正式录用她了，这次面试改变了她的一生。

成长智慧

机会不会平白无故地降临到我们头上，要想获得成功的机会，就要善于表现自己。这样成功的机会才会注意到我们，并且来到我们身边。

做自己分外的工作,常常会获得机遇的垂青

善于捕捉机会者为俊杰。——歌德

阿穆耳肥料工厂的厂长马克道厄尔,之所以由一个速记员爬升上来,是因为他能做非他分内所应做的工作。

马克道厄尔最初是在一个懒惰的书记官底下做事,那个书记官总是把事推到手下职员的身上。他觉得马克道厄尔是一个可以任意驱使的人,便叫他替自己编一本阿穆耳先生前往欧洲时用的密码电报书。那个书记官的懒惰,使马克道厄尔拥有了做事的机会。

马克道厄尔不像一般人编电码一样,随意简单地编几张纸,而是将它编成一本小小的书,用打字机清楚地打出来,然后用胶装订好。做好之后,那个书记官便将它交给了阿穆耳先生。

"这大概不是你做的。"阿穆耳先生说。

"不……是……"那个书记官战栗地回答。

"你叫他到我这里来。"

马克道厄尔到办公室来了,阿穆耳说:"小伙子,你怎么把我的电报做成这样子的呢?"

"我想这样你用起来方便些。"

几天之后,马克道厄尔便坐在前面办公室的一张写字台前了;

再过些时候，他便代替了以前那个书记官的职位。

下面我们来结识一下著名的房地产经纪人戴约瑟。

戴约瑟最初是因为自愿替一个同事做成一笔生意，而被升为一个售货员的。

14岁的时候，戴约瑟只是一个听差的小孩，他极想做一个售货员，而那是一件不可能的事。7月3日下午，从芝加哥来了一个大主顾，而这位主顾必须于7月5日动身前往欧洲，但他在动身之前需要订一批货。订货事宜要等到7月4日才能办好，但7月4日正是美国国庆日，是放假的日子，不过店家答应主顾7月4日会有一个店员来与他接洽。

普通订货的手续是主顾先看过各色货样，然后选定他所想要的货。售货员再把所订的货单一一拿出来检查一遍。

这次店家安排了一个年轻的店员来取货单，但青年却推托说他的父亲非常爱国，他坚决不同意儿子就这样把国庆日浪费掉了。这当然是一种推托之词，他其实是想在家看球赛。

戴约瑟告诉那个店员说，他愿意代替他接洽这笔生意，结果好运一步步地向戴约瑟走来。

17岁的时候，戴约瑟便是一个售货员了。

成长智慧

工作中，绝大多数人会做好自己的本职工作，因为这是分内的事，很少有人愿意做分外的工作。殊不知，做分外的工作常常会获得机遇的垂青，因为机遇偏爱那些勤奋的人。

当机会出现时,要敢于冒险试一试

人不能创造时机,但是他可以抓住那些已经出现的时机。——雪莱

皮柏在邓肯商行工作时,一次他去古巴的哈瓦那采购了鱼、虾、贝类及砂糖等货物,在返回的途中,他冒险做了一笔生意。

当时,轮船停泊在新奥尔良,他来到了嘈杂的码头。码头上,晌午的太阳火辣辣的。远处两艘从密西西比河下来的轮船停泊在码头边,黑人正忙着上货、卸货。

一位陌生白人拍了拍他的肩膀,问道:"小伙子,想买咖啡吗?"那人自我介绍说,他是往来于美国和巴西的一名货船船长,受托到巴西的咖啡商那里运来一船咖啡。没想到美国的买主破产了,他只好自己推销这船咖啡,如果谁给现金,他可以以半价出售。这位船长大约看皮柏穿着考究,像个有钱人,就拉他到酒馆谈生意。

皮柏考虑了一会儿,就打定主意买下这船咖啡。于是他带着咖啡样品,到新奥尔良所有与邓肯商行有联系的客户那儿推销。经验丰富的职员要他谨慎行事,价钱虽然让人心动,但舱内的咖啡是否同样品一样,谁也说不准,何况以前还发生过船员欺骗买主的事情。但皮柏已下定了决心,他以邓肯商行的名义买下全船的咖啡,并发电报给纽约的邓肯商行,说已买到一船廉价咖啡。

然而，邓肯商行却回电严加指责，不许皮柏擅自使用公司名义，让他立即取消这笔交易。皮柏只好发电报向伦敦的父亲求援。在父亲的默许下，皮柏用父亲在伦敦的户头偿还了原来挪用邓肯商行的款项。他还在那名船长的介绍下，买了其他船上的咖啡。

皮柏赌赢了。就在他买下大批咖啡后不久，巴西咖啡因受寒而减产，咖啡的价格一下子猛涨了2~3倍。皮柏大赚了一笔，不但邓肯对他赞不绝口，连他远在伦敦的父亲也连连夸赞儿子说："有出息，有出息！"

皮柏的全名是约翰·皮尔庞特·摩根，他就是后来的美国金融界巨擘。

成长智慧

我们知道，风险和收益往往成正比。当机会来临时，若你有信心和资本，就要敢下赌注，这样才能在风险中求取利益。我们每个人都应该有一些冒险精神，这样的人生才精彩。

看似一些极微小的事情,却有可能造成重大事件

任何一件大事,都是由许多小事组成的。——培根

一只蝴蝶在巴西扇动翅膀,有可能会在美国的得克萨斯引起一场龙卷风。

这就是 1979 年 12 月洛伦兹在华盛顿的美国科学促进会的一次演讲中提出的"蝴蝶效应"。这次演讲和结论给人们留下了极其深刻的印象。从此以后,所谓的"蝴蝶效应"之说就不胫而走,名声远扬了。

"蝴蝶效应"之所以令人着迷、令人激动、发人深省,不但在于其大胆的想象力和迷人的美学色彩,更在于其深刻的科学内涵和内在的哲学魅力。

从科学的角度来看,"蝴蝶效应"反映了混沌运动的一个重要特征:系统的长期行为对初始条件的敏感依赖性。

经典动力学的传统观点认为:系统的长期行为对初始条件是不敏感的,即初始条件的微小变化对未来状态所造成的差别也是很微小的。可混沌理论向传统观点提出了挑战。混沌理论认为在混沌系统中,初始条件的十分微小的变化经过不断放大,对其未来状态会造成极其巨大的差别。

有一首在西方流传已久的民谣对此做了形象的说明,这首民

谣说：

　　丢失一个钉子，坏了一只蹄铁；

　　坏了一只蹄铁，折了一匹战马；

　　折了一匹战马，伤了一位骑士；

　　伤了一位骑士，输了一场战斗；

　　输了一场战斗，亡了一个帝国。

马蹄铁上一个钉子是否会丢失，本是初始条件的十分微小的变化，但其长期效应却是一个帝国存与亡的根本差别。这就是军事和政治领域中所谓的"蝴蝶效应"。

虽然这有点不可思议，但是确实能够造成这样的恶果。横过深谷的吊桥，常从一根细线拴个小石头开始。

成长智慧

　　不要瞧不起一些微小的事情，看似一些极微小的事情，却有可能造成重大事件。在日常生活和工作中，一定要防微杜渐，不要让一些看似不起眼的小事毁坏了自己的人生。

一次举手之劳,也有可能会挽救一个人

 名 人 名 言

尽力去帮助你能帮助的人,你会因此而伟大。——纪伯伦

一个男孩被绊倒在地,他怀里抱着的几本书、两件运动衫、一个棒球拍、一副手套和一个随身听全都掉在了地上。正走在放学路上的马克看到了,于是,他单膝跪地帮男孩把散落的东西一一捡了起来。

这个男孩叫比尔,正好和马克同路,所以马克就帮他拿了一部分东西。在路上,比尔告诉马克他喜欢玩电子游戏、打棒球和历史课,他说其他学科他都学得不好。此外,他还告诉马克他刚刚和女朋友分手了。

那天下午他们在一起谈论,说笑,过得很愉快。从那以后,他们在校园里经常遇到,有时还一起吃午餐。初中毕业后,他们又在同一所高中上学,在那里他们也有过几次短暂的接触。

在他们毕业前3个星期,有一天,比尔问马克是否还记得数年前他们第一次相遇时的情形。"你有没有想过那天我为什么要带那么多东西回家?"比尔问马克。

马克摇了摇头。

比尔说:"你知道吗?我把我的衣物柜清理了一下,因为我不想把混乱留给别人。我已经从我母亲那儿偷偷拿了一些安眠药

攒起来，那天我准备回家后就自杀。但是，在我们一起快乐地交谈和说笑之后，我意识到如果我结束了自己的生命，我就不会有快乐的时光，以及以后还可能会有的其他很多很多美好的东西。所以，你瞧，马克，当你那天捡起我的书，你不只是捡起了我的书，你还挽救了我的生命。所以，我想向你道谢！"

成 长 智 慧

很多时候，帮助别人对于自己来说只是举手之劳，而对于别人来说，却不仅仅是一句话，或是一个动作的问题，有可能会因此改变了他们一生的命运。

第二章

如果机会不大时,就要想办法争取机会

在很多事情面前,由于某些原因,我们的胜算并不大,这时就要想办法争取机会。怎样争取机会? 一是要有勇气,二是要有技巧。

如果总是害怕某些事,就会错过某些机会

名人名言

对于不会利用机会的人,时机又有什么用呢?一个不受胎的蛋,是要被时间的浪潮冲刷成废物的。——艾略特

有个人在一天晚上碰到一个神仙,这个神仙告诉他说,有大事要发生在他身上了,他会有机会得到很大的一笔财富,在社会上获得显赫的地位,并且娶到一个漂亮的妻子。

这个人终其一生都在等待这些好事的降临,可是什么事也没发生。他穷困地度过了一生,最后孤独地死去。

当他死后,他又看见了那个神仙。他对神仙说:"你说过要给我大笔的财富、很高的社会地位和漂亮的妻子,我等了一辈子,却什么也没有。"

神仙回答他:"我没说过那种话。我只承诺过要给你机会得到财富、一个受人尊重的社会地位和一个漂亮的妻子,可是你让这些机会从你身边溜走了。"

这个人迷惑了,他说:"我不明白你的意思。"

神仙回答道:"你记不记得有一次你曾经想到一个好点子,可是你没有行动,因为你怕失败而不敢去尝试。"这个人点点头。

神仙继续说:"因为你没有行动,这个点子几年以后被另外一个人想到了,那个人一往无前地行动了,后来他成了全国最有

钱的人。还有，你应该还记得，有一次发生了大地震，城里大半的房子都毁了，好几千人被困在倒塌的房子里。你有机会帮忙拯救那些存活的人，可是你怕小偷会趁你不在家的时候，到你家里偷东西，故意忽视那些需要你帮助的人，而只是守着自己的房子。"这个人不好意思地点点头。

神仙说："那是你去拯救几百个人的好机会，而那个机会可以使你在城里得到多大的尊崇和荣耀啊！"

"还有，"神仙继续说，"你记不记得有一个头发乌黑的漂亮女子，你曾经非常强烈地被她吸引，你从来不曾这么喜欢过一个女人，之后也没有再碰到过像她这么好的女人。可是你因为害怕被拒绝，就让她从你身旁溜走了。"这个人又点点头，这次他流下了眼泪。

神仙说："我的朋友啊，就是她！她本来该是你的妻子，你们会有好几个漂亮的小孩，而且跟她在一起，你的人生将会有许许多多的快乐。"

神仙最后说："可惜，你都没有抓住这些机会！"

成 长 智 慧

在每个人的一生之中，都会有很多次机会，但大多数机会都被错过了。当机会来临时，不要犹豫，更不要害怕。如果你犹豫不定或害怕，机会就会与你擦肩而过。

在不利的境况中，也能寻找到有利的机会

良机只有一次，一旦坐失，就再也得不到了。——勃朗宁

20世纪30年代，美国经济普遍不景气。有位名叫约翰的年轻人，他开办的公司受经济环境的影响，也倒闭了，约翰因此身无分文，手头非常拮据。但是，他没有像其他人一样自暴自弃，而是不断地寻找机会，以干出一番轰轰烈烈的事业。

一天晚上，约翰和一位曾经的同事聊天，那位同事向他讲述了这样一个故事：在以前，汽水饮料是用桶装的，后来，有个人想到了一个办法，用瓶子来盛装汽水。他将这个办法提供给可口可乐公司，并要求从中获取百分之一的利润。这个办法受到了人们的喜爱，瓶装可口可乐非常畅销，这个人也因此赚了一大笔钱。

当晚，约翰驱车回家，边开车边想这个故事。途中经过一个加油站，约翰停下车，进去加油。在当时，加油站是唯一提供加油服务的地方。在加油时，约翰突然灵机一动："我是不是也可以出售瓶装汽油，这样，司机们就不必非得到加油站加油了，开车外出就会方便多了。"正在他要为自己的天才设想而兴奋时，一个问题又出现在眼前，"如果玻璃瓶不小心打破了，那将是非常糟糕的。对了，我可以用罐装！"

打定主意后，约翰立刻行动起来。他先联络好制罐商和油商，制造出罐装汽油。接着,约翰又跑去见一个连锁杂货店的老板,向他讲述了自己的想法:"我有一个绝佳的主意,可以帮助你增加利润。如果你同意每卡车汽油付我75美元利润,我愿意提供这个方法。"

老板虽然有点怀疑,但还是同意了他的要求,并让他说出自己的想法。

约翰说:"出售罐装汽油!同时我将供应你们这种产品。"

就这样,约翰在经济不景气的时候,以每卡车75美元的利润,成为百万富翁,这也为他日后的发展,奠定了坚实雄厚的基础。

成 长 智 慧

当外在因素对自己不利时,抱怨、叹息是无用的,关键是要改变自己。在不利的境况中,要寻找有利的机会,以求得自身的发展。

只要好好把握机会,一切都皆有可能

  善于识别与把握时机是极为重要的。在一切大事业上,人在开始做事前要像千眼神那样察视时机,而在进行时要像千手神那样抓住时机。——培根

  乔利·贝朗出身于巴黎一个贫民家庭。13 岁他便独自外出打工。由于年纪小,没有哪个工厂肯聘用他。流浪几年后,他找到一个贵族家庭,在他的苦苦哀求下,贵夫人让他在家里当了一名小杂工。他每天的工作就是杀鸡、杀鱼、拖地、扫厕所,他几乎包揽了全部脏活累活。他一天至少要工作 12 个小时,而所得的工资连一只鸡都买不起,但他仍然感到非常满足。他总是省吃俭用地将辛苦赚来的钱攒起来,养活自己贫困的家。

  就是这样紧巴巴的日子也不长久。一天半夜,乔利被一阵急促的敲门声惊醒。原来贵夫人第二天一早要去赴一个约会,要乔利立即将她的衣服熨一下。因为实在太困了,他不小心将煤油灯打翻,灯里的油滴在了贵夫人的衣服上。

  乔利被吓坏了,他就是打一年工恐怕也买不来那件昂贵的衣服。贵夫人坚决要求乔利赔偿,给她白打一年工!乔利沮丧极了,但当他答应给贵夫人白打一年工后,他也得到了那件衣服。

  其实那件衣服只是弄脏了一点而已,如果将它送给母亲穿,

她一定会很高兴。但他不敢将这件事告诉母亲,她会伤心的。于是乔利将那件衣服挂在自己的窗前以警示自己别再犯错。

一天,他突然发现那件衣服被煤油浸过的地方不但没脏,反而将原有的污渍清除了。经过反复试验,乔利又在煤油里加了一些其他的化学原料,终于研制出了干洗剂。

一年后,乔利离开了贵夫人家,自己开了一间干洗店。世界上第一家干洗店就这样诞生了。

乔利的生意一发而不可收,几年间他便成了让世界瞩目的干洗大王。如今,干洗店遍布世界的每一个角落,人们在享受他发明的干洗剂的同时,也记住了他的名字——乔利·贝朗。

成 长 智 慧

塞翁失马,焉知非福。人世间的许多事往往都不是那么绝对的。幸福中常常蕴含着某种可能会带来灾难的因素;而苦难中有时候也掩埋着希望和光明的种子。所以,只要我们能够把握住机会,一切都皆有可能。

对于自己的选择，不要心存抱怨

名人名言

每个人都要对自己的选择负责。——歌德

从前一群青蛙请求上帝给它们派一个国王。上帝感到很有趣。“给你们，”他说着就把一根原木“扑通”一声扔到了青蛙住的湖里，“这就是你们的国王。”青蛙吓得潜入水中，尽可能地往泥里钻。过了一会儿，一只比较胆大的青蛙小心翼翼地游到水面

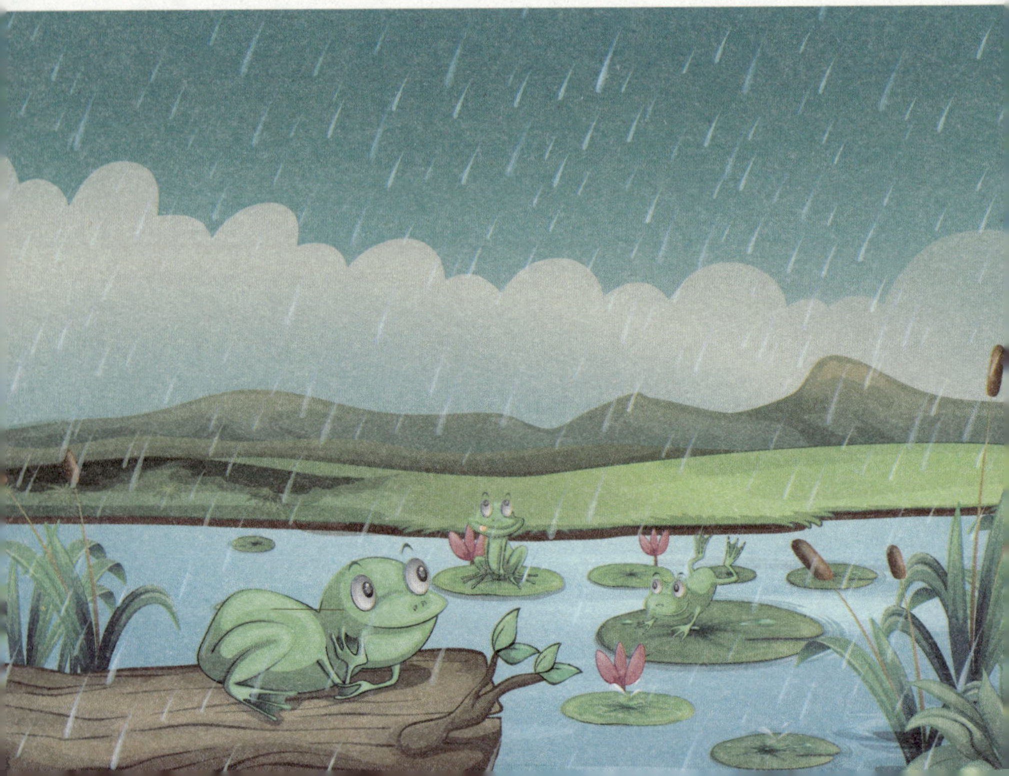

上，看看新国王。"他好像很安静，"青蛙说，"他也许睡着了。"木头在平静的湖面上一动不动，更多的青蛙一个又一个浮上来看。它们离木头越来越近，最后干脆跳到木头上面，完全忘记了害怕。有一天，一只老青蛙说："这个国王很迟钝，不是吗？我想，我们应该要一个能使我们守秩序的人当国王。这个国王只知道躺在那儿，让我们随便活动。"

于是青蛙再次请求上帝："难道您不能给我们一个好一点的国王吗？派一个有活动能力的人来吧。"上帝派一只长腿鹳到湖里去，青蛙们带着钦佩的神情挤在鹳周围。不过它们还没有准备好欢迎词，鹳就把长嘴伸进水里吞食他看得见的青蛙了。"这根本不是我们原来的意思，"青蛙喘着气又潜入水中，钻到泥里去。但这一回上帝不听它们的话了。"我给你们的就是你们要求的，"他说，"这也许可以告诫你们，不要多抱怨。"

成 长 智 慧

在生活和工作中，我们时刻面临许多选择。有些事一旦做出了选择，就不要想再重新选择一次。很多事如果改变了已做出的选择，其结果往往还不如当初。

当机会来临时,把握住应该属于自己的就行了

人生成功的秘诀是当好机会来临时,立刻抓住它。——狄斯累利

深海里,一只小鲨鱼长大了,开始和妈妈一起学习觅食,它逐渐学会了如何捕捉食物。

妈妈对它说:"孩子,你长大了,应该离开我独自生活。"鲨鱼是海底的王者,几乎没有任何生物能伤害到它,所以虽然妈妈不在小鲨鱼的身边,但她还是很放心的。她相信,儿子凭借着优秀的捕食本领,一定能生活得很好。

几个月后,鲨鱼妈妈在一个小海沟里见到了小鲨鱼,她被儿子吓了一跳。小鲨鱼所在的海沟食物资源很丰富,小鲨鱼在这里本应该变得强壮起来,可是它看上去却好像营养不良,还很疲惫。

究竟出了什么问题呢?鲨鱼妈妈想。她正要过去问小鲨鱼,却看见一群大马哈鱼游了过来,而小鲨鱼也来了精神,正准备捕食。

鲨鱼妈妈躲在一边,她看到小鲨鱼隐蔽起来,等着马哈鱼游进自己能够攻击到的范围。一条马哈鱼先游过来,已经游到了小鲨鱼的嘴边。鲨鱼妈妈想,这下儿子一闭嘴就可以美餐一顿了,可是出乎她意料的是,儿子连动也没有动。

两条、三条、四条,越来越多的马哈鱼游近了,可是小鲨鱼却还是没有动，盯着远处剩下不多的马哈鱼，这个时候小鲨鱼急躁起来，它猛地扑了过去，可是距离太远，马哈鱼们轻松地摆脱了危险。

鲨鱼妈妈追上小鲨鱼问："为什么不在马哈鱼到你嘴边的时候吃掉它们呢？"

小鲨鱼说："妈妈，你难道没有看到？我也许能得到更多。"

鲨鱼妈妈摇摇头说："不是这样的，欲望是无法满足的，但机会却不是总有。贪婪不会让你得到更多，甚至连原来能得到的也会失去。"

成 长 智 慧

欲望是无底的沟壑，永远也填不满。有时，我们得不到某些东西并不是没有付出足够的努力，而是由于我们贪图太多。其实，当机会来临时，我们只要把握住那些应该属于自己的东西就行了。

要学会放弃，放弃一些拖我们后腿的东西

那些沉重的东西，需要我们丢掉。——苏格拉底

丹尼斯是美国野生动物保护协会的成员，为了搜集狼的资料，他走遍了大半个地球，见证了许多狼的故事。他在非洲草原就曾目睹了狼和鬣狗交战的场面，那场面至今令他难以忘怀。

那是一个极度干旱的季节，在非洲草原许多动物因为缺少水和食物而死去了。生活在这里的鬣狗和狼也面临同样的问题。狼群外出捕猎统一由狼王指挥，而鬣狗却是一窝蜂地往前冲，鬣狗仗着数量众多，常常从猎豹和狮子的嘴里抢夺食物。由于狼和鬣狗都属犬科动物，所以能够相处在同一片区域，甚至共同捕猎。可是在食物短缺的季节里，狼和鬣狗也会发生冲突。这次，为了争夺被狮子吃剩的一头野牛的残骸，一群狼和一群鬣狗发生了冲突。尽管鬣狗死伤惨重，但由于数量比狼多得多，很多狼也被鬣狗咬死了，最后，只剩下一只狼王与五只鬣狗对峙。

显然，狼王与鬣狗力量相差悬殊，何况狼王还在混战中被咬伤了一条后腿。那条拖拉在地上的后腿，是狼王无法摆脱的负担。面对步步紧逼的鬣狗，狼王突然回头一口咬断了自己的伤腿，然后向离自己最近的那只鬣狗猛扑过去，以迅雷不及掩耳之势咬断了它的喉咙。其他四只鬣狗被狼王的举动吓呆了，都站在原地不

敢向前。更加吃惊的莫过于躲在草丛里扛着摄像机的丹尼斯。终于,四只鬣狗拖着疲惫的身体一步一摇地离开了怒目而视的狼王。狼王胜利了!

成 长 智 慧

生活中,有很多东西拖我们的后腿,使我们瞻前顾后、患得患失,不能集中精力解决问题。有魄力的人往往会果断地舍弃这些东西。如果不懂得放弃,就无法获取更大的成功,甚至还会失去某些最根本的东西。

有些事情错过了，反而是一种幸运

我们的一生都在错过中度过。——柏拉图

这是一个真实的故事。

因为所在的公司在内蒙古包头某厂揽下一笔业务，沈雷等六人被指派前往那里施工。活刚刚干了两个多月，由于北方气温降低，不便施工，所有的工程只好停工，等到第二年开春后再重新动工。按照公司规定，六个人应该乘火车返回，但其中有个人提议坐飞机回去，因为可以趁机开开眼界。几个人都没坐过飞机，大家一致赞同这个建议。

当天，几个人就结伴购买了从包头飞往上海的机票。沈雷因

为走得匆忙,将身份证遗落在驻地,所以没能购到机票,他只好改乘第二天由包头开往上海的火车。去买机票的路上,大家还嘲笑沈雷没有坐飞机的福气。看着几个同伴兴奋的样子,沈雷懊悔不已:身份证为什么不带在身上呢!

但是,后来发生的一切让沈雷不再为自己的疏忽而懊悔。

五个伙伴乘坐的从包头飞往上海的客机,刚起飞10秒就坠入离机场不远的南海公园,撞在了公园大门的售票厅上,机上的53人全部罹难。

报纸上登了一张沈雷向记者展示车票的照片。照片上,沈雷的未婚妻一直站在他身旁,紧紧地挽着沈雷的手臂。

成 长 智 慧

我们会经常错过一些自认为很重要的事,这些事会给我们的人生留下遗憾。既然已经错过了,就不要再去追悔。其实,有些事情错过了,反而是一种幸运。

有些事无法挽回，就让它成为过去

谁也留不住时间，同样，谁也无法挽回已发生的事情。——陈安之

这是发生在医院和患者之间的一场官司。

为了这次医疗事故，医院经过一番严密细致的谋划，院方代表、律师及涉事医生已到场。

患者一方只有事故受害者的妹妹一人，不过，许多不相干的人倒是都站在她这一边。气氛紧张得如临大敌。

那天，听到姐姐因医生的失误而成为冤魂时，妹妹一下子就昏了过去。

想当初，因为姐姐的眼睛有残疾，她才获得了出生的机会。后来，父母相继去世，姐妹二人相依为命。姐姐省吃俭用地供她上大学。眼看她就要毕业了，可以好好报答姐姐了，姐姐却亡命于医生的误诊。

院方当然深知这次医疗事故的严重性。这会儿，院长正亲自提醒有关人员看看还有没有疏漏，大家搜肠刮肚地准备好了几套方案：包括赔偿金额的上限；将涉事医生暂时停职或是开除；设法从患者身上寻找漏洞；妥善处理所有的诊断记录；等等。

突然，楼道里传来了脚步声、说话声和抽泣声。不一会儿，一位护士进来，交给院长一张字条，院长表情严肃地看了一遍又一遍，然后把字条交给了旁边的办公室主任："你给大家念一下吧。"

办公室主任站起身，清了清嗓子，念道：

姐姐身遭不幸，医生和院方都难脱其咎。只是，人已去，即使争得再多的钞票，即使让失职的医生丢掉饭碗甚至坐牢，我那亲爱的姐姐也不能起死回生！所以，我决定放弃一切要求，只求医院能深深自省……现在，我按照姐姐生前曾经有过的愿望，捐出遗体，供做医学研究。

患者家属哭别！

这时，有人将精心准备的资料撕得粉碎、粉碎！

成长智慧

在每个人的一生中，尽管有些事本不应该发生，但还是发生了，即使再怎么样也无法挽回。既然已经无法挽回，就让它成为过去吧，因为，生命中本就有许多无奈，接受现实才是明智之举。

上帝是公平的,给谁的都不会太多

别乞求什么都得到,这是不可能的。——雪莱

一个老妇人在森林里发现了一些形状奇怪的种子。她便选了三颗带回家种在自己的花园里。每天早上起床后,她总是先要查看那三颗种子是否已经发了芽。

可是一天早上,老妇人养的一只小鸡把其中的一颗给吃掉了,第二天一场大雨又把另一颗给冲走了。

"现在只剩下一颗种子可以发芽了。"老妇人叹息道。

她便在这颗种子的周围筑起了篱笆。

最后一颗种子沉睡了很长时间,阳光温暖它,细雨轻轻地落下滋润着它周围的土壤。有一天,这颗种子终于长出了两片美丽的嫩芽。

老妇人精心地照料着这棵植物,它也在夏日里一天天长大。人们纷纷前来参观,每个人都想知道这棵神奇的植物究竟会开出什么样的花朵。

很快他们就明白了。一天早上,老妇人发现花蕾已经在晚上开放了,小小的枝条上缀满了五颜六色的盒子。

"噢,我的上帝。"老妇人说,"它是一棵礼品树,这真的太棒了!"

老妇人摘下了一个盒子。"今天虽然不是我的生日，可我还是想要一份礼物。"她想。

老妇人打开了盒子，她发现盒子里面有一条暖融融的红色围巾。"这正是我想要的。"她高兴地说，"现在我要让每个人都从树上摘一件礼物。"

"这毫无疑问是个神奇的东西。"大家都说。

树上又结出了更多的花蕾。人们刚摘下一个礼物，原来的位置上又会长出一个新的礼物来。人们都喜欢这棵植物，而且他们只摘一个，谁也不多摘。

国王的女儿闻讯后，也赶来观看。

她从树上摘下了最大的盒子。打开一看，里面是一匹漂亮的瓷马，瓷马周身金黄，尾巴雪白。

"不太好看，我要再摘一个。"公主说。

"噢，公主，"老妇人说，"从来没人摘过两件的。"

"我是公主，"公主说，"我想摘多少就摘多少。"

公主摘了一件又一件，她的怀里抱满了盒子，她已经忙得无暇打开看了。

"瞧，老妇人，"公主说，"没事吧，礼物依旧在生长。"

"等着瞧吧，"老妇人说，"这么贪婪可不好。"

公主打开礼物时，一件奇怪的事情发生了。那些神奇的礼物全都不见了，取而代之的是几朵干枯的花，而且这些干花也在风中消失了。

只剩下了那匹漂亮的瓷马，它是公主选择的第一件礼物。她小心翼翼地抱着那匹瓷马一路沉默着回到了皇宫。

那棵神奇的植物依旧生长在老妇人的花园里,但没有任何人,甚至连公主也休想多摘走一件礼物。它似乎在告诫人们:无论平民还是公主,在上帝面前,任何人都是平等的。

成长智慧

上帝是公平的,给谁的都不会太多,也不会太少。所以,过分贪婪、什么都想得到的人,往往事与愿违,最后收获的只能是伤心和失望。而那些欲望标准很低,知足常乐的人则往往会心想事成。

第三章

学会自制与宽容，人生才会少后悔

学会自制，就是要学会控制自己的情绪和行为。一个有自制能力的人，才能够成为自己真正的主人。学会宽容，就是要学会忍让和谅解别人。一个有宽容之心的人，才能够成为人上人。学会自制与宽容，人生才会少做让自己后悔的事。

自己克制自己,集中精力做事

每一次克制自己,就意味着比以前更强大了。——高尔基

一个商人因为业务发展的需要,决定招聘一个小伙计。

他在商店的窗户上,贴了一张独特的广告:"招聘:一个能自我克制的男士。每星期4美元,合适者可以拿6美元。"

"自我克制"这个术语在村里引起了议论,这有点不平常。这引起了小伙子们的思考,也引起了父母们的思考。这自然引来了众多求职者。

每个求职者都要经过一个特别的考试。

"能阅读吗?孩子。"

"能,先生。"

"你能读一读这一段吗?"他把一张报纸放在小伙子的面前。

"可以,先生。"

"你能一刻不停顿地朗读吗?"

"可以,先生。"

"很好,跟我来。"商人把他带到他的私人办公室,然后把门关上。

他把这张报纸送到小伙子手上,上面印着他答应不停顿地读完的那一段文字。阅读刚一开始,商人就放出6只可爱的小狗,小狗跑到男孩的脚边。这太过分了，男孩经受不住诱惑要看一看可爱的小狗。由于视线离开了阅读材料，男孩忘记了自己的任务，读错了。当然，他失去了这次机会。

就这样，商人打发了70个男孩。终于，有个男孩不受诱惑一口气读完了。商人很高兴。他们之间有这样一段对话：

商人问："你在读书的时候，没有注意到你脚边的小狗吗？"

男孩回答道："对，先生。"

"我想你应该知道它们的存在，对吗？"

"对，先生。"

"那么，为什么你不看一看它们？"

"因为我告诉过你，我要不停顿地读完这一段。"

"你总是遵守你的诺言吗？"

"的确是，我总是努力地去做，先生。"

商人在办公室里走着，突然高兴地说道："你就是我要的人。明早7点钟来，你每周的工资是6美元。我相信，你大有发展前途。"

后来，男孩的确如商人所说，成了一个有着良好口碑的百万富翁。

成 长 智 慧

自我克制是成功的基本要素之一。很多人不能自我克制，也就无法把自己的精力投入到他们的工作中，完成自己伟大的使命。这就是成功者和失败者之间的区别。

自制是种能力，人生贵在自制

名人名言

偏执是件古怪的东西。偏执的人必然绝对相信自己是正确的，而克制自己，保持正确思想，正是最能助长这种自以为正确和正直的看法。——海明威

某大学有一个美国留学生叫苏珊娜。寒假里，苏珊娜随她的女同学张某到张的老家河南农村过年。大年初一，张家准备了一桌丰盛的饭菜招待苏珊娜。席上，张父特意以当地名酒款待嘉宾。张父给苏珊娜斟了满满一杯酒，可是苏珊娜只是礼貌地举杯，却滴酒不沾。

张家问其故，苏珊娜说，她的家乡在美国西雅图州，当地的法律规定，公民年满21岁才能饮酒。她今年才19岁，还未到饮酒的年龄。

张家人劝她，这里是中国，不是美国，入乡随俗嘛。再说，没有一个美国人会知道你在中国饮过酒。苏珊娜却说，虽然自己身在国外，也应该遵守美国的法律。名酒的味道虽然很香，但自己会克制自己，不到法定年龄，决不饮酒。

张家人对这个19岁的美国姑娘十分敬佩。

寒假结束，苏珊娜要回南京的时候，当地政府有关部门特意设宴友好地款待苏珊娜，苏珊娜却婉言谢绝了。苏珊娜说，美国

的法律规定，凡属官方的宴请，只能由政府官员出席。她是一个普通的美国人，不是政府官员，因此不能接受官方的宴请。

再说一个美国商人，他经常到中国做生意。有一次，一笔生意成交以后，中方宴请他。中方听说这个美国商人十分喜欢吃虹鳟鱼，席上，主人特意请著名厨师做了一道名菜：清炖虹鳟鱼。

这道菜上来以后，美国商人眼睛一亮，看得出，商人真的很喜欢这道菜。奇怪的是，商人夹了一块鱼肉以后，还没有送到嘴里就又送了回去，放下筷子不吃了。

主人忙问其故，商人说，这是一条有籽的鳟鱼，美国法律规定，要保护生态环境，不能吃有籽的母鱼。主人连忙说，这是在中国，不是美国。中国并没有这样的法律。美国商人说，我是美国人，走到哪儿，都要遵守美国的法律。

主人很尴尬，再次劝美国商人说，即使是这样，这条虹鳟鱼已经烧熟了，不吃浪费了岂不可惜！美国商人却说，即使浪费了，我也不能吃，美国商人自始至终都没有碰这条虹鳟鱼。

美酒的味道很香，苏珊娜却不为之心动；虹鳟鱼的味道很美，美国商人却不为之下箸。他们在没有任何外界压力的情况下，都有一种自我限制行为，他们是在自觉地履行某种义务。

成长智慧

自制就是自己克制自己。自制是一种能力，一种可贵的自我限制行为，也是一种义务。快乐源于自制，成功也源于自制。只有做到自制，才会心安理得，才会快乐。一个能自制的人是一个令人折服的人。

控制住自己的情绪,不要让怒火烧伤自己

  我们一定要克制自己的情绪,不要被情绪所困扰,不良的情绪只会阻碍到我们学习或发展事业,这也是了解自己其中的一个步骤。——李小龙

  乔治·罗纳在二战期间被迫逃往瑞典,之前他曾在维也纳当过很多年的律师,人生阅历和生活阅历都很丰富。到了瑞典,他已身无分文,他必须找一份工作养活自己。

  他学过好几种外语,既能说又能写,因而他想到一家进出口公司找份秘书工作。他给很多公司写信,谈了自己的想法,绝大多数公司回信告诉他,现在处于战争时期,他们不需要这类职员,不过他们已把他的名字存入档案。

  其中有一封回信这样写道:"你对我生意的了解完全错误,你既蠢又笨,我根本不需要任何替我写信的秘书。即使需要,我也不会请你,因为你甚至连瑞典文都写不好,信里全是错字。"

  乔治·罗纳读完这封信后怒火中烧,他简直要疯了。这个人也太讨厌了,他自己的瑞典文写得错误百出,还有资格指责别人,太狂妄了。于是他也写了一封信,想气气那个讨厌的家伙。

  他转念又想:等一等,我怎么知道这个人说的不对呢?我学过瑞典文,可是它不是我的母语,或许我真犯了很多我不知道的

错误。如果这样的话，我想找到一份工作，就必须努力学习。这个人可能帮了我一个大忙，尽管他本意并非如此。他用这种难听的话表达意见，或许自有他的道理，我应该写封信感谢他一番。于是，他写了一封感谢信。

后来，他竟然被这家公司聘用了。

成长智慧

情绪的确能影响人的行为，很多人因为不能控制情绪而做错了许多事情，甚至导致了许多悲剧。那么，我们可以控制情绪吗？答案是肯定的。在遇事时，只要冷静下来，告诉自己等一等，我们就能控制住自己的情绪。

想说些别人的闲话时,要闭上自己的嘴

名人名言

当感情只是劝我们去做可以缓行的事的时候,应当克制自己不要立刻做出任何判断,用另一些思想使自己定一定神,直到时间和休息使血液中的情绪完全安定下来。——笛卡尔

圣菲利普是16世纪深受人爱戴的罗马牧师。

有一次,一个年轻的女孩来到圣菲利普面前,向他倾诉自己的苦恼。其实女孩心地不坏,只是她常常说三道四,喜欢说些无聊的闲话。这些闲话传出去后,往往会给别人造成许多伤害,久而久之,人们都远离她了。因为没有朋友,所以,她觉得很孤独。

圣菲利普对女孩说:"你不应该谈论他人的缺点,我知道你也为此苦恼,现在我命令你要为此赎罪。你到市场上买一只母鸡,走出城镇后,沿路拔下鸡毛并四处散布。你要一刻不停地拔,直到拔完为止。你做完之后,就回到这里告诉我。"

女孩觉得这是一种非常奇怪的赎罪方式,但为了消除自己的烦恼,她没有任何异议。她买了鸡,走出城镇,并遵照吩咐拔下鸡毛。然后她回去找圣菲利普,告诉他自己按照他说的做了一切。

圣菲利普说:"你已完成了赎罪的第一部分,现在要进行第二部分。你必须回到你散布鸡毛的路上,捡起所有的鸡毛。"

女孩照做了,可是,风已经把鸡毛吹得到处都是了,她只捡

回了一些鸡毛。

女孩回来说:"我没能捡回所有的鸡毛。"

圣菲利普说:"没错,我的孩子,你是无法捡回所有的鸡毛。你那些脱口而出的愚蠢话语不也是如此吗?你不也常常从口中吐出一些愚蠢的谣言吗?你有可能跟在它们后面,在你想收回的时候就能收回吗?"

女孩说:"不能。"

"那么,当你想说些别人的闲话时,请闭上你的嘴,不要让这些邪恶的羽毛散落路旁。"圣菲利普说。

成 长 智 慧

在生活中,如何说话,尤其是如何谈论别人,我们需要慎重考虑。当想谈论别人的缺点时,当想说别人的坏话时,当想散布谣言时,我们需要在说出前,闭上我们的嘴。因为,有些话一旦说出口,不是想收回就能收回的。

只有学会谅解别人,才能找回真正的自己

名人名言

人格成熟的重要标志:宽容、忍让、和善。——戴尔·卡耐基

一个阳光明媚的早晨,格兰的礼品店依旧开业很早。格兰静静地坐在柜台后边,欣赏着礼品店里各式各样的礼品和鲜花。

忽然,礼品店的门被推开了,走进来一位年轻人。他的脸色显得很阴沉,眼睛浏览着礼品店里的礼品和鲜花,最终将视线固定在一个精致的水晶乌龟上面。"先生,请问您想买这件礼品吗?"格兰亲切地问。可是,年轻人的眼光依旧很冰冷。"这件礼品多少钱?"年轻人问。"50元。"格兰回答道。年轻人听格兰说完后,伸手掏出50元递给她。格兰很奇怪,自从礼品店开业以来,她还从没遇到过这样爽快的买主呢。"先生,您想将这个礼品送给谁呢?"格兰试探地问了一句。

"送给我的新娘,我们明天就要结婚了。"年轻人依旧面色冰冷地回答着。格兰心里咯噔一下:什么,要送一只乌龟给自己的新娘,那岂不是为他们的婚姻埋下了一个定时炸弹吗?格兰想了一会儿,对年轻人说:"先生,这件礼品一定要好好包装一下,才会给你的新娘带来更大的惊喜。可是今天店里没有包装盒了,请你明天再来取好吗?我一定会利用今天晚上为您赶制一个新的、漂亮的礼品盒……""谢谢你!"年轻人说完转身走了。

第二天清晨，年轻人早早地来到了礼品店，取走了格兰为他赶制的精致的礼品盒。

年轻人匆匆地来到了结婚礼堂，但新郎不是他，而是另外一个年轻人！年轻人快步走到新娘面前，将精致的礼品盒递给新娘。而后，转身迅速地跑回了自己的家中，焦急地等待着新娘愤怒与责怪的电话。在等待中，他的泪水扑簌簌地流了下来，有些后悔自己不该这样做。

傍晚，婚礼刚刚结束的新娘便给他打来电话说："谢谢你，谢谢你送我这样好的礼物，谢谢你终于能明白一切了，也能原谅我了……"电话的一边新娘高兴而激动地说着。年轻人万分疑惑，他什么也没说，便挂断了电话。但他似乎又明白了什么，他迅速

地跑到了格兰的礼品店。推开门,他惊奇地发现,在礼品店的橱窗里依旧静静地躺着那只精致的水晶乌龟。

一切都已经明了,年轻人静静地望着眼前的格兰。而格兰依旧静静地坐在柜台后边,冲着年轻人轻轻地微笑。年轻人面孔上的冰冷一瞬间变成了一种感激与尊敬:"谢谢你,谢谢你,你使我懂得了谅解别人的真正意义,让我又重新找回了我自己。"

原来,格兰只是将一件定时炸弹似的水晶乌龟,换成了一对代表幸福和快乐的鸳鸯。没有想到,这竟在短短的时间内,最大程度上改变了一个人冰冷的内心世界。

成 长 智 慧

在人的一生之中,我们总有一些事无法释怀,总对某些人怀有怨恨。其实,这是不明智的,因为在这种心理状态下,我们不可能快乐。只有学会谅解别人,才会把一些事看透看开,才能找回那个真正善良、快乐的自己。

忍他人之不能忍，方为人上人

名人名言

没有宽宏大量的心肠，便算不上真正的英雄。——普希金

有名青年脾气很暴躁，还常喜欢跟别人打架，因此，很多人都不喜欢他。

有一天，这名青年无意中游荡到大德寺，碰巧听到一休禅师正在说法。他听完后发誓痛改前非，于是对禅师说："师父，我以后再也不跟人家打架起口角了，免得人见人烦，就算是别人往我脸上吐口水，我也只是忍耐着擦去，默默地承受。"

一休禅师听了青年的话，笑着说："哎——何必呢，就让唾沫自己干了吧，何必去擦掉呢？"

青年听了，有些惊讶，于是问禅师："那怎么可能呢？为什么要这样忍受啊？"

一休禅师说："这没有什么能不能忍受的，你就把它当作是蚊虫之类停在脸上，不值得与它打架或者骂它，虽然被吐了唾沫，但并不是什么侮辱，就微笑着接受吧！"

青年又问："如果对方不是吐唾沫，而是用拳头打过来时，那可怎么办呢？"

一休禅师回答："这不一样嘛！不要太在意，只不过一拳而已。"

青年听了，认为一休禅师说的实在是岂有此理，终于忍耐不住，忽然举起拳头，向一休禅师的头上打去，并问："和尚，现在怎么办？"

一休禅师非常关切地说："我的头硬得像石头，没什么感觉，倒是你的手大概打痛了吧？"

青年愣在那里，实在无话可说了。

成 长 智 慧

有句话说得好：忍他人之不能忍，方为人上人。忍，实在是一种高深的处世之道。小忍可以避免争端，大忍可以大事化小，并且可以修身养性。

遇事不要冲动,缓一缓再做决定

事不三思终有悔,人能百忍自无忧。——冯梦龙

从前,有个愚人很笨,所以他一直很穷,可是他的运气还不错。在一次下雨的时候,有一堵围墙被雨冲倒了,他居然从倒了的墙里挖出了一坛金子,因此他一夜暴富。可是他依然很笨,他也知道自己的缺点,于是就向一位老人诉苦,希望老人能指点迷津。

老人告诉他说:"你有钱,别人有智慧,你为什么不用你的钱去买别人的智慧呢?"

于是这个愚人来到城里,见到一个智者,他就问道:"你能把你的智慧卖给我吗?"

智者答道:"我的智慧很贵,一句话100两银子。"

那个愚人说:"只要能买到智慧,多少钱我都愿意出!"

于是那个智者对他说道:"遇到困难不要急着处理,向前走三步,然后再向后退三步,往返三次,你就能得到智慧了。"

"智慧这么简单吗?"愚人听了将信将疑,生怕智者骗他的钱。

智者从他的眼中看出了他的心思,于是对他说:"你先回去吧,如果觉得我的智慧不值这些钱,那你就不要来了,如果觉得值,就回来给我送钱吧!"

当夜回家，昏暗中他发现妻子居然和另外一个人睡在炕上，顿时他怒从心生，拿起菜刀准备将那个人杀掉。突然，他想到白天买来的智慧，于是前进三步，后退三步，各三次，正走着呢，那个与妻同眠者惊醒过来，问道："儿啊，你在干什么呢？深更半夜的！"

愚人听出是自己的母亲，心里暗惊："若不是白天我买来的智慧，今天就错杀母亲了！"

第二天，他早早地就给那个智者送银子去了。

成长智慧

很多悲剧都是由于一时冲动和鲁莽造成的，如果我们在遇事时能保持冷静，有些事缓一缓再做决定，那么很多悲剧都可以避免。

谅解曾经伤害过你的人，才是最好的待人之道

> 遇方便时行方便，得饶人处且饶人。——吴承恩

在犹太圣经《塔木德》中，有一则关于约瑟夫接纳哥哥的故事，被犹太人视为为人处世的典范。

约瑟夫是雅各的儿子，受到兄长的排挤，小时候被兄长卖往埃及为奴，后来约瑟夫在埃及做了大官。

有一年闹饥荒，约瑟夫的哥哥们一路逃荒来到埃及。当约瑟夫发现自己的哥哥们时，就走上前说："我是约瑟夫，父亲还好吗？"

可是，哥哥们简直不敢相信这是真的，一时无法回答，一个个都目瞪口呆了。

约瑟夫又对哥哥们说："请你们走近些。"

当哥哥们走近时，约瑟夫说："我是你们的兄弟约瑟夫，你们曾经把我卖到埃及。"

兄长们还是不敢相信。但是当他们明白一切都是真的时，看着眼前的弟弟如此荣耀，如此威风，吓得说不出话来。

这时几位兄长听到约瑟夫说："现在，你们不要因为把我卖到这里而谴责自己，这是上帝为了救我的命才把我送到这里来的。老家发生饥荒已经两年了，你们将无法继续生存下去，现在所有

的土地颗粒无收。上帝把我早些送来，是为了让你们继续存活，以特殊的方式让我们都生存下去。所以是上帝而不是你们把我送到这儿来的。"

约瑟夫把自己少年时的苦难说成是上帝拯救自己的行为，替哥哥们摆脱了自责的心理。

成 长 智 慧

犹太人有句名言说："谁是最强大的人？化敌为友的人。"能够宽容待人、化敌为友是为人处世的最高境界。谅解和接受曾经伤害过你的人，才是最好的待人之道。那些受到侮辱却不侮辱别人、听到诽谤却不反击的人，是值得敬重的人。

当误会出现时,有话要好好说

江海不与坎井争其清,雷霆不与蛙蚓斗其声。——刘基

有一个小伙子跟自己的女友已谈了三年恋爱了,两个人非常的恩爱,都说找到了自己的"另一半"。周围的朋友们都羡慕他俩,以他们为楷模,教育自己的"另一半"。

那天,这对恋人相约到一家咖啡屋见面。

小伙子迟到了 20 分钟,这还是第一次。姑娘等着急了,见到小伙子后就忙问他干什么去了。

本来心情就不好的小伙子也来了脾气:"凭什么你审问我呀?我是有自由的,难道什么事都得向你汇报吗?"

姑娘愣了,他从来没有对她这么粗鲁过,一气之下,姑娘泼了小伙子一身咖啡,转身就走了。小伙子顿时火冒三丈,也没有追赶。

后来,姑娘在家等小伙子来向她道歉,可小伙子却好几天不露面,姑娘往他家打电话,也没人接。姑娘心里打鼓,可还是因为矜持,没好意思去找小伙子。其实小伙子出差去了上海,临走之前他本来想给姑娘打个电话,可因为没咽下心中的恶气,所以一赌气走了。小伙子走了半个月,气早就消了,他在外地工作特别忙,打电话又不方便,所以他总想回来再说。

可等小伙子回来，一切竟然都发生了变化。姑娘赌气交了新男朋友，小伙子听了这个消息，二话没说给姑娘写了封绝交信，转身又去了广州。这一去就是半年，当他再次出现在姑娘面前的时候，姑娘已经成了别人的新娘。

小伙子在姑娘的婚宴上喝醉了，他一边哭一边对姑娘说："我那天迟到，其实就是因为开车超速，跟警察吵了一架耽误了时间，本想说了，让你反过来安慰我一下，可还没张嘴，就让你给顶了回来！"

小伙子陷入了深深的悔恨之中，因为赌气使他俩错过了美好的姻缘，而此时，姑娘早已泪流满面。

成长智慧

大多数误会都是在不了解对方的实际，并且没有进行解释的情况下产生的。有些误会会导致恋人分手，会使朋友变为敌人，甚至会引发一些刑事案件。其实这些误会很好避免，方法极其简单——有话好好说。

第四章

凡事都要有度，一切都要适可而止

无论做什么事都要有度，这个度就是做事的分寸。尤其在某些欲望前，更应懂得适可而止的道理。无数事实已证明：欲望过度，得到的往往越少。

不要贪得无厌，否则会付出惨痛的代价

贪婪者总是一贫如洗。——兰纳斯

一对贫穷的农民夫妇，依靠自己家的一块田地维持生计，唯一值得欣慰的是，他们家还养着一只母鸡，每天可以得到一个鸡蛋，给他们贫穷的生活增添一点有限的补贴。

或许是由于上天的怜悯，有一天这只鸡生了一个金蛋。他们把蛋拿到市场上去卖，结果得到的现金多得吓了他们一跳。这么一大笔钱，竟然如此简单就得到了。

他们回到家，直盯着那只生金蛋的鸡看，哪里明白这是幸运之神的眷顾。他们心想：以后再也用不着过那种披星戴月却仅仅果腹的辛苦日子了，只要这只鸡每天能给他们下一个金蛋就行。靠着一天一个金蛋，夫妇俩逐渐富裕了起来。于是，他们买下肥沃的田地，盖起宽敞漂亮的大房子，请了许多仆人，日子也开始过得奢靡起来。

以前贫穷的日子并没有让他们学会珍惜这上天眷顾的幸福，奢靡让他们滋长了无尽的贪欲。在热闹的舞会结束后，妻子说："既然母鸡每天可以下一个金蛋，那它的肚子里一定有很多很多的金蛋，说不定就是一个金库……"

丈夫打断她说："对，我们干脆把鸡杀了，把它肚子里所有

的金蛋都拿出来。"

于是他迅速地爬起来，将那只下金蛋的鸡杀了。但是剖开鸡肚子之后，他发现这只下金蛋的鸡和普通的鸡并没有两样，它的肚子里根本没有什么金蛋，更不用说什么金库了。农夫非常懊悔亲手毁了自己致富的宝贝，但为时已晚。

一直在天上注视着他们的幸运女神目睹了刚才的惨剧，愤怒之下将他们所有的财产化作了一阵清风。

成长智慧

只有拒绝贪婪，才能享受更多的财富。如果一味地任由贪婪的恶欲膨胀，其结果就是得不偿失。我们要感谢上苍赐予我们的财富，同时要知道：不属于我们的东西就不能强取豪夺。

有时才华不宜显,有时聪明需内敛

> 人间有味是清欢,所有含蓄婉转、深沉内敛的事物,都只是为了更好的沉淀,洗尽铅华。——于丹

三国时期,曹操手下有个掌库的主簿叫杨修。杨修生得单眉细眼,貌白神清,他博学能言,智识过人,但他自恃其才,竟小觑天下之士。

有一次,曹操令人建一座花园。快竣工了,监造花园的官员请曹操来验收察看。曹操参观花园之后,一句话也没有说,只是拿起笔来,在花园大门上写了一个"活"字,便扬长而去。一见这情形,大家丈二和尚,摸不着头脑,怎么也猜不透曹操的意思。杨修却笑着说道:"门内添'活'字,是个'阔'字,丞相是嫌园门太阔了。"

官员觉得杨修说得有道理,立即返工重建园门。改造停当后,官员又请曹操来察看。曹操一见重建后的园门,不禁大喜,问道:"谁猜到了我的意思?"左右答道:"是杨修主簿。"曹操表面上称赞杨修聪明,其实内心已开始讨厌杨修了。

又有一回,塞北送来一盒酥孝敬曹操,曹操没有吃,只是在礼盒上亲笔写了"一合酥"三个字,放在案头上,然后自己径直出去了。屋里其他人有的没有理会这件事,有的不明白曹丞相的意思，不敢妄动。这时正好杨修进来看见了，便堂而皇之地走向案头，打开礼盒，把酥饼一人一口地分吃了。曹操进来见大家正在吃他案头的酥饼，问："为何吃掉了酥饼？"杨修上前答道："我们是按丞相的吩咐吃的。""此话怎讲？"曹操反问道。杨修从容地应道："丞相在酥盒上写着'一人一口酥'，分明是赏给大家吃的，难道我们敢违背丞相的命令吗？"曹操表面上乐呵呵地说："讲得好，吃得对，吃得对！"其实内心已对杨修产生了厌恶之情。可杨修还以为曹操真的欣赏他，所以不但没有丝毫收敛，反而把心智用在捉摸曹操的言行上，并不分场合地卖弄自己的小聪明，从而给自己埋下祸根。

杨修最后一次聪明的表露是在曹操自封为魏王之后。

曹操亲自引兵与蜀军作战，战事失利，进退不能。曹操数次进攻蜀军总不能奏效，长期拖下去，不仅耗费钱粮且会挫伤士气，真的撤兵无功而归，又会遭人笑话。是进是退，当时曹操心中犹豫不定。此时厨子呈上鸡汤，曹操看见碗中有鸡肋，因而有感于怀，觉得眼下的战事，犹如碗中之鸡肋——食之无肉，弃之可惜。他正沉吟间，夏侯惇入帐禀请夜间号令。曹操随口说："鸡肋！鸡肋！"夏侯惇传令众官，都称"鸡肋"。杨修见传"鸡肋"二字后，便教随行军士各自收拾行装，准备归程。

有人报知夏侯惇。夏侯惇大惊失色，立即请杨修到帐中问他："为什么叫人收拾行装？"杨修说："从今夜的号令，便知道魏王很快就要退兵回去了。""你怎么知道？"夏侯惇又问。杨修笑道："鸡肋者，吃着没有肉，丢了又觉得可惜。魏王的意思是现在进不能胜，退又怕人笑话。在此没有好处，不如早归，明天魏王一定会下令回转的，所以先收拾行装免得临行慌乱。"夏侯惇说："你可算魏王肚里的蛔虫，知道魏王的心思啊！"他不但没有责怪杨修，反而也命令军士收拾行装。于是寨中各位将领，无不准备归计。

当夜曹操心乱，不能入睡，就手按宝剑，绕着军寨独自行走。只见夏侯惇寨内军士各自收拾行装。曹操大惊，我没有下达撤军命令，谁竟敢如此大胆，做撤军的准备？他急忙回帐召夏侯惇入帐，夏侯惇说："主簿杨修已经知道大王想归回的意思。"曹操叫来杨修问他怎么知道的，杨修就以鸡肋的含意对答。曹操一听大怒，说："你怎敢造谣乱我军心！"不由分说，叫来刀斧手将杨修推出去斩了，把首级悬在辕门外。

曹操终于寻得机会，除掉了杨修，杨修也结束了他自作聪明的一生。

成 长 智 慧

敢于表现自己的聪明才智是值得赞赏的，但并不是什么时候、什么场合都适宜表现自己。有时锋芒毕露并不是件好事，因为这样不但容易引起别人的反感，还极易落个"聪明反被聪明误"的下场。

情况越有利的时候,越应该提高警惕

内心的安宁才是安全感的来源。——韩寒

猎人捕获过种类繁多的动物,但唯独没有捕获过狐狸。因为这种动物太狡猾,奔跑速度飞快,往往猎人刚端起枪,狐狸就跑得无影无踪了。

可是,猎人决意与狐狸一比高低。他知道在一座山上有一只老狐狸,于是他备足枪弹上了山,在狐狸经常出没的草丛里藏了起来。

狐狸真的来了,它跳到岩石上逡巡一阵,锐利的目光立刻发现草丛里有不速之客。它意识到,猎人的目标不是别的动物而是自己,这一回它不跑了。它相信自己绝顶聪明,有敏捷的反应和判断能力,只要猎人一有动静,它就逃之夭夭。

狐狸做了个假动作,猎人果然开了枪,把它面前的土打得乱飞。狐狸为自己的计谋得逞而哈哈大笑:"嘿,就你这点水平,还想打我?笑话!"

猎人没有理会狐狸的嘲笑,继续瞄准射击。"砰!""砰砰!""砰砰砰!"射出的子弹全部落空。

狐狸得意地笑了。它把身边的一块圆石头滚下岩石,石头飞快地跑着。猎人以为狐狸跑了,马上站起就追,他被脚下的草绊了一下，跌倒了。猎人的脑门跌了个大包，手也有些颤抖，他满身草屑，十分狼狈。

狐狸站在岩石上，笑得合不拢嘴，它一边手舞足蹈，一边大叫道："哈哈哈！看你那老样儿，子弹快用完了吧？接着再来，我愿奉陪到底！"

猎人揉了揉脑袋，边上子弹边对狐狸说："你可以嘲笑我，因为我确实很难打中你。即使如此，我失误一次，损失的不过是一颗子弹；而你只要失误一次，损失的就是你的生命。"

狐狸的脸色变了，强烈的危机感包围了它。它抖动身上的毛，打算马上逃开，可是刚才手舞足蹈的时间太长了，它的手脚有些酸软，此时猎人扣动了扳机。

子弹射中了狐狸的心脏，它重重地摔在了地上，临死前的一刹那，它十分后悔——因为，原本它是有机会逃走的。

成 长 智 慧

古人说，骄兵必败。所以，在任何时候我们都不能骄傲，更不要得意忘形，被眼前暂时的乐观形势冲昏了头脑。在情况越有利于自己的时候，我们越应该提高警惕，以免发生不利于自己的事情。

别因爱而失去理智，爱也需要顾全大局

> 做事应多替他人着想，顾全大局。——何灵

封山季节，山上的温度已经降到了零下几十度。有个药材商愿意出高价收购灵芝，于是父子三人决定冒险一搏，上山采摘。

可是山上的情况远远超出了他们的想象，三个人非但一无所获，而且下山路上父亲被严重冻伤，倒在了冰冷的雪地上，无论如何也走不了了。

父亲果断地对两个儿子说："我不行了，你们赶快穿上我的衣服下山去。"儿子们自然舍不下他们的父亲，大儿子脱下自己身上的衣服套在父亲身上，小儿子背着父亲继续前行。

不一会，父亲没了气息，大儿子也冻的迈不开步子了。

哥哥断断续续地对弟弟说："看样子我是回不去了，你赶快穿上我的衣服下山，咱妈咱奶奶还等着咱们呢！"弟弟哭着摸摸父亲已经僵硬的身子，又拉着哥哥还有一丝温热的手，随后坚决地脱下自己身上的衣服，套在了哥哥身上。

第二天，村里人在山上找到他们的时候，只见父亲身上套着大儿子的衣服，大儿子身上套着小儿子的衣服，小儿子身上只有一件薄薄的单衣。村里人流着泪说："什么是骨肉相连，他们父子三人就是！"

可也有人说:"他们之中有两个人或许是可以活下来的,但他们错过了。"

据说,一年后,他们的奶奶和妈妈因为经不起如此沉重的打击,也都郁郁而终了。也就是说,如果当年舍弃一个人的性命,就可能保住四个人的性命。

成 长 智 慧

爱是人世间最难把握的一种情感,爱到深处人往往就会失去理智。但爱并不等于在生命还有可能的情况下,依然盲目地为我们深爱的人白白葬送性命。爱有时也表现为顾全大局——为了更多爱我们的人好好地活下去。

飞来横福的同时,往往隐藏着横祸

> 祸兮福之所倚,福兮祸之所伏。——老子

曾获得2600万美元奖金的雪莉·加葛利亚德女士,在中奖5年后曾对记者说,她所学到的是:"生命中最美好的事物是不能用金钱买到的。"

1991年10月,30岁的雪莉与丈夫法兰克花10美元买彩票中了大奖。于是夫妇俩都辞了工作,买了奔驰车、钻石戒指……并到各地旅游。后来,雪莉在她父母家附近买了一幢房子,以为今后可以安定地享福了。谁知,法兰克因为没有固定的工作变得迷惘起来。过去,他很爱惜家中的那辆摩托车,如今却要买旅行用多功能车和豪华游艇。于是夫妻俩在花钱方面经常发生争执。最后,他们终于在1994年离了婚,家产和奖金一人一半。在享受过豪华的生活后,雪莉自问:"有一房子的古董和一大箱珠宝究竟有什么意义?"她花钱很省,但在慈善捐款时却毫不吝啬。她说:"这个世界是不完美的。在这个不完美的世界上,我宁可要美满的婚姻而不要钱。"

1997年10月2日,迈克·比尔在新泽西州中了434万美元的大奖。他的母亲菲丽丝对他提出控告,认为这笔奖金应由他们两人平分,因为这张奖券是由他们两人合买的。据他们的朋友说,他们母子两人的关系一向很好,并且经常一起出 20 美元买奖券。且不说这一官司的结果如何,但迈克一定会因此而失去母爱。

宾夕法尼亚州的威廉·普斯特,1988 年买彩票中了 1620 万美元的大奖,但不幸接踵而至。他的亲兄弟居然雇了一名杀手,企图杀死普斯特和他的妻子,目的自然是看中了他们的奖金。然后是他的妻子与他离婚,并带走了一半奖金。得奖 5 年后,普斯特便宣告破产了。

为了破财免灾或资助他人,有些人在中奖后,或把奖金分给亲戚朋友,或捐给慈善机构。27 岁的单身母亲潘姆·海耶特在 1995 年中了 8700 万美元大奖,得到第一张 310 万美元的支票后,当天她就在华盛顿州一口气买了 6 辆汽车,分别送给她的姐姐、弟弟、母亲、继父、继妹和继弟,而只为自己买了一幢价值 17 万美元的房子。

成 长 智 慧

人世间因祸得福、由福生祸者,自古以来层出不穷。飞来横福的确是人生一大幸事,但对一个难以自持的人来说,会使自己或导致别人人性中恶的一面急速膨胀,从而给本人乃至家庭带来灭顶之灾。所以,得福者要保持良好的心态,还要合理地分配所得,这样才能算是真正得福。

地狱和天堂之间的距离,或许仅一墙之隔

你怎么做,就会有怎样的结果。——狄慈根

罗尼因误伤他人被判入狱 5 年,女友因此要跟他分手,罗尼想再见她一面,于是开始暗暗琢磨逃跑计划。他用一张报纸做掩护,花了一个多月的时间,终于用勺子将墙上的一块砖掏空了一半。

一天,狱警卡托例行检查的时候,无意中发现了这个秘密,但他没有揭穿此事,而是小声地对罗尼说:"你知道墙那边是什么吗?"

罗尼战战兢兢地回答:"外……外面是自由……"

卡托微微一笑:"傻瓜,外边是死刑室。"

很快,卡托给罗尼换了一间囚室,罗尼也没有再动过逃跑的念头。

5 年后,罗尼出狱了,他开了一家小咖啡馆,日子过得也算安稳。

这天,罗尼在咖啡馆里忙活,一个穿着体面但神情沮丧的男子走了进来,要了一杯威士忌。当罗尼把威士忌端给他的时候,他突然惊呼起来:"卡托警官,是你吗?"

那名男子愣了一下,显然已经认不出罗尼了。"我是罗尼啊!"罗尼兴奋地说,"谢谢您当年没有揭穿我挖砖的事,要不然我现

在可能还在监狱里蹲着呢!"

卡托喝了一口酒,慢慢地说:"是吗?祝贺你获得了新生。可是,因为那块砖,我却要进监狱了。"

罗尼大吃一惊,赶紧问:"怎么回事?"

卡托面无表情地说出了事情的原委。

原来,当年卡托给罗尼换了牢房,但并未将砖头补上。后来他因为经济上的麻烦,每次等新搬进去的犯人一动那块砖,他就暗示他们贿赂自己,不然就会背上越狱的罪名。一次、两次、三次……

卡托说:"知道我今天为什么穿得这么体面吗?因为下午我就要上法庭了。"

他一口喝尽杯中剩下的酒,叹息道:"一块砖头,两种命运。这可真有意思,不是吗?"

成长智慧

任何事物都有正反两个方面,这两个方面就是两个完全不同的世界,很可能一边是幸福的天堂,而另一边就是罪恶的地狱。所以,无论做什么事都要学会克制自己,否则原本的好事很可能就会变成坏事。

只有接受对自己的不满,才能不断地取得进步

一个不欣赏自己的人,是难以快乐的。——三毛

从前,有一个国王添了一个漂亮的王子。在孩子洗礼的那天,有12个仙女受上帝的派遣前来祝贺,每个仙女都带来了一份珍贵的礼物。

第一个仙女带来的是智慧,国王高兴地收下了。第二个仙女带来的是高贵,国王同样高兴地收下了。第三个带来的是力量,第四个带来的是财富,第五个带来的是英俊,第六个带来的是情感,第七个带来的是健康,第八个带来的是朋友,第九个带来的是爱情,第十个带来的是知识,第十一个带来的是关怀。但是,到了第十二个的时候国王愣住了,因为她带来的礼物是"不满"。

国王认为,他的儿子什么都不缺,要什么有什么,怎么能够让他有不满呢?他毫不犹豫地拒绝了第十二个仙女的礼物,国王甚至对这个仙女毫不客气。

王子渐渐长大了,继承了王位的他英俊潇洒,性格温和,身体健康。但是,在他的心里,却没有因为不满而产生的雄心大志,也没有因为不满而产生的要建功立业的抱负。他对已经拥有的什么都满意,对国家什么都满意,再平庸的大臣他也没有什么不满的意思,脑袋里从来不考虑改变、创新、励精图治。在他自我感

觉良好的影响下,大臣们惰性十足、不思进取,很快他的国家落后了,穷困了,不久便被强大的邻国吞并了。

他的国家被消灭的时候,老国王仍然在世,面对灾难,老国王幡然悔悟:拒绝了不满,对于儿子来说才是最惨痛的教训。

成 长 智 慧

一个人如果满足于自己的现状,那可是件极其危险的事情,因为这说明他已经失去了进取心。一个失去了进取心的人,是不会取得成功的。只有接受对自己的不满,才能不断地取得进步。

看到自己优点的同时，更要看到自己的缺点

认识自我应该从两方面讲，即长处与短处。——贝尔纳

在西方国家，流传着一个关于鸵鸟的故事。

一天，一只具有权威、态度严厉的老鸵鸟向年轻的鸵鸟们讲演，它说鸵鸟比其他一切物种都优越。除了富有思想的鸵鸟奥利弗没有欢呼，其他的听众都大叫起来："说得好，说得好！"奥利弗说："我们也是有缺点的，比如，我们不能像蜂鸟那样向后飞。"

"蜂鸟向后飞是撤退，"老鸵鸟说，"我们向前走是前进，我们永远向前进。"

"说得好，说得好！"其他鸵鸟都叫喊起来，除了奥利弗。

"我们用4个脚趾走路，而人得需要10个。"老鸵鸟提醒它的学生说。

"可是，人可以坐着飞行，而我们却根本不能。"奥利弗说。

老鸵鸟严厉地看了看奥利弗："人飞得太快，因为地球是圆的，所以后者很快就赶上前者，并且会发生相撞！"

"说得好，说得好！"其他的鸵鸟又叫喊起来，除了奥利弗。

"在危险的时刻，我们可以把头埋进沙子里，而使自己什么也看不见。"老鸵鸟慷慨激昂地说，"别的物种都不能这样。"

"我们怎么能知道我们看不见别人，而别人能不能看见我们

呢？"奥利弗问道。

"胡扯！"老鸵鸟叫道。

除了奥利弗，其他的鸵鸟也跟着叫道："胡扯！"但它们并不知道"胡扯"是什么意思。

就在这时，鸵鸟们突然听到一阵奇怪的声音，并且越来越近，这是一群大象正迅速地向这边飞奔。惊恐万状的老鸵鸟及其他鸵鸟都迅速地把头埋进沙子里，奥利弗则迅速地躲到了一块巨石的后面。等象群过后，奥利弗看到一片片的白骨和鸵鸟毛——这些都是那个自以为比其他物种都优越的老鸵鸟及那些自以为是的鸵鸟们留下的。

成 长 智 慧

看到自己的优点，让自己有一种优越感，这是件好事。但是，在看到自己优点的同时，一定还要看到自己的缺点。因为，很多事情之所以会失败，和优点没有关系，但却是由缺点所赐。

要想提升自己的价值,先要调整好自己的状态

事物是在变化的,人也应该适当地变化。——莫格利希

这是一场被视为"破烂拍卖会"的拍卖。

拍卖商走到一把小提琴旁,这是把看起来非常旧、非常破、样子磨损得非常厉害的小提琴。拍卖商拿起小提琴,播了一下琴弦,结果发出的声音跑调了,难听得要命。

拍卖商看着这把又旧又脏的小提琴,皱着眉头,毫无热情地开始出价,10元,没人接手。他把价格降到5元,还是没有反应。他继续降价,一直降到0.5元。

最后拍卖商说:"0.5元,只有0.5元。我知道它值不了多少钱,可只要花5毛钱就能把它拿走!"

就在这时,一位头发花白、留着长长的白胡子的老头走到前面来,问他能否看看这把琴。拍卖商同意后,他拿出手绢,把灰尘和脏痕从琴上擦去。他慢慢拨动着琴弦,一丝不苟地给每一根弦调音,然后他把这只破旧的小提琴放到下巴下,开始演奏。

美妙的乐曲和旋律从这把破旧的小提琴上流淌出来。这把小提琴奏出的音乐优美极了,是现场许多人听过的最美的音乐。

拍卖商又问起价是多少。一个人说100元,另一个人说200元,然后价格就一直上升,直到最后以1000元成交。

事后，拍卖商对朋友说："为什么有人肯花 1000 元买一把破旧的、曾经 5 毛钱都没人买的小提琴？因为它已经被调准了音，能够弹出优美的乐曲。"

成长智慧

一个人真正的价值不是由别人决定的，而是由自己决定的。要想不被别人轻视并提升自己的价值，先要调整好自己的状态尤其是要调整好自己的心态，并把自己的能力发挥出来。

第五章

接受并善待教训，人生才能少走弯路

教训比起经验来更有价值，每接受一次教训，我们就能避免人生的一次失误或失败。得到教训通常是要付出代价的，有时这个代价是惨痛的。接受教训，善待教训，是为了以后不再为教训付出代价，是为了人生少走弯路。

不要没事找事,否则终会造成祸害

灾祸都是人自招的。——沃维纳格

很久以前,有一个没发生过灾祸的国家。那里五谷丰登,百姓安宁,既没有疾病流行,也没有灾害发生,举国上下无忧无虑,一片歌舞升平的景象。

有一天,国王在宫殿中对大臣们说:"我听说天下有个叫灾祸的东西,种类很多,但不知道它到底是什么样子。"

众大臣也说:"我们也听说过,但都没有见过它的样子。"

于是,国王便派遣一位大臣到邻国购买灾祸。

天神遥知此事后,便化装成一位商人来到市场上,摆出一个外表看似猪形的怪物,并用铁索紧紧地捆绑着它,静候那位大臣的到来。

果然,那位大臣来到怪物前,便停住脚步仔细地看起来。他问商人:"这是什么怪物啊?"

商人说:"这是'祸母',能够制造灾祸。"

大臣一听,非常高兴,心想我可找到要买的东西了。他连忙询问价钱,商人说价值千万。大臣又问:"它以什么为食?"

商人答道:"此物专以针为食,每日要吃一升针。"

大臣将一切打听仔细后,便欢欢喜喜地把"祸母"买回了国。

从此之后，全国的百姓都停止了原来的工作，所有的人从早到晚只做一件事，那就是到处找针，以喂养"祸母"。全国上下都因喂养"祸母"却找不够针而发愁，没多久，这个国家就变得官府混乱，五谷不收，病害肆虐，举国没有安宁，百姓无以聊生。这时，人们全都明白了，这就是灾祸。

于是，国王命令侍卫把"祸母"杀死焚烧，扔出国界。可是，当人们把"祸母"带到城外砍杀时，却刀砍不入。人们又架起柴堆，用火焚烧，"祸母"依然无恙。正当人们不知所措时，通体赤红的"祸母"窜入城中，入市烧市，入殿烧殿，整个城池顿时陷入一片火海之中，转瞬之间便国破家亡了。

成 长 智 慧

很多人喜欢没事找事——或找一些没做过的无聊之事去做，或与别人无理取闹等。殊不知，这样没事找事，最容易引发大事，甚至会造成祸害，不但害了别人，也害了自己。所以切记：不要没事找事。

相互欺骗和报复，只会使双方都受损

名人名言

自从欺诈渗进了人们的天性中以后，人就只剩下一个外表了。——莎士比亚

从前，北天竺有一个木师，技艺高超，他做了一个木头女孩，这木女面容端正，举世无双，她的服饰也齐整如新，与世间女子毫无差别。她也能走来走去，斟酒待客，只是不会说话。

当时南天竺有一个画师，他很擅长作画。木师听说后，便准备好酒食，请画师前来做客。画师到了后，木师便让木女斟酒端食，他们从白天一直吃到晚上，画师始终不知道这是个木头美人，以为她是个真人，对她很是喜欢，挂念不已。

当天色已晚时，木师进里面去休息，他请画师在这里住下，留下木女服侍他，并对他说："专门留下这女子，可以和她一起休息。"

当主人进屋后，木女还站在灯下。画师便叫她过来，但这女子没有动，他以为是这女子害羞，所以才不过来，于是就上前拉她的手，这时他才知道女子原来是个木头人。他感到很羞愧，心里想："主人竟然欺骗我，我定要报复他。"

于是画师便在墙上画了自己的画像，画中人所穿衣服也与自己的衣服相同。在画上，这人用绳悬颈，好像已吊死的样子，画

师又画了一只鸟在啄尸体的样子。画完后,他就关好门,爬到床下休息了。

天亮后,主人出来,见这门没开,就向屋里看,只看见墙上客人吊死的模样。木师大惊失色,以为画师死了,便破门而入,用刀砍绳。这时,画师从床下爬出来,木师见状很气恼。

画师对他说:"你可以骗我,我也可以骗你,现在主客情意已尽,互不相欠了。"

然后,两人不禁叹道:"世人也是如此相互欺骗的啊!"

成 长 智 慧

在人与人的交往过程中,不应老想着算计对方,欺骗对方,甚至报复对方,而应该相互坦诚相待。只有这样,人际关系才会融洽,这个世界才会变得更加美好、更加可爱。

余生很贵，请勿浪费

一味地追求极致的完美，常会造成极度的缺憾

完美主义等于瘫痪。——丘吉尔

著名哲学家周国平曾写过这样一个经典的故事。

有个马车夫正在倒车。

他的马车上装满了从街巷里拉出来的雪，正在一个干涸的大涝坝沿上，他打算让马车倒得更完美一点，这样他就可以直接把积雪卸入大涝坝里，坑边上不留一点痕迹。看得出，他是那种认真的人，喜欢把活儿干得比别人漂亮。

这个马车夫在这个久已干涸的大涝坝的边缘上倒他的马车。他驾驭的是一架四套马的大车，一匹辕马，三匹稍马，马匹个个精壮，辕马看起来比马车夫还要聪明。车倒到离坑边不到一米时，辕马就坚持不倒了。

但是马车夫是一个固执的人，他喜欢完美，他不停地吆喝那几匹马，并且扯着辕马的辔头，坚持让车倒得离涝坝沿更近一些。他倒来倒去，不肯将就。这个马车夫，这个戴直筒帽的马车夫，这个固执的完美主义者，终于在很短的时间里把事情弄得不可收拾了，他的意志和马的领会在关键处发生了一点偏差，马车后倒得过了头，车轮移动到边沿，马车夫想改变主意使马车向前，结果马儿们却猛地一倒，车倾斜了，四匹马的力量想再把这辆悬空的重车拉上来已经不可能了。那辆载满雪的重车拉着四匹马坠落下去，四匹马的姿势令人哀怜，它们仰面朝天，伸直脖颈，像一些不会飞的大鸟，任凭自己向坝底栽翻下去。

马车夫张大惊恐的眼睛，他使尽全力，发出惊叫，但也无法扭转这一瞬间的颠覆。他犯下了令他终生难忘的错误。

马车和马在两秒间通过自由落体运动直达坝底，马车撞碎，但马车不知疼痛，那四匹马却像柔弱无助的、覆巢之下的小雏鸟那样，挣扎、抽搐、等待死亡。这时，马车夫用双手抱住脑袋，蹲在涝坝沿上，他已方寸大乱。

成 长 智 慧

追求完美是人的一种天性，没有人不喜欢完美的事物。但这世上根本不存在十全十美的事物，所以，我们要懂得，做任何事都要掌握好分寸，更要懂得适可而止的道理。否则，过度地追求完美，必会为完美所愚弄。

一个人过于张狂,终有没落的一天

名人名言

张狂是自我灭亡的代名词。——陈安之

美国著名的《财富》杂志,曾经在封面上登过一位年仅19岁的年轻人的照片。

他叫詹森·斯维斯彭,一位网站拥有者。他因为在投资家的资助下推出一个名叫"心想事成"的网站而一举成名,在短短的几个月内,网页的访问量达到900多万人次。

这在美国是绝无仅有的,有人惊叹:难道他是下一个比尔·盖茨吗?

詹森在网站上收益了上亿美元的资金,成为美国的一位网络新贵。

他陷入巨大的成功中,认为自己有非凡的能力,也能办到一切事情。这在当时许多人认为绝不是狂言,因为他的年龄和成就甚至超过了当年的比尔·盖茨。有不少预测家也断定他必然会累积巨大的财富,成为类似于比尔·盖茨那样的影响全球的人物。

不久,美国许多金融家主动向他提供贷款,给予巨大的经济支持,他的公司很快上市,资产从原来的1亿美元扩增到26亿美元。

这简直就是一个财富神话。

他成了美女、媒体追逐的对象，他和世界级的超级模特拍拖约会，和大量的媒体接触，甚至准备拍一部反映他的创业史的电影；他的生活也极尽奢华，他一共为此花去了 3.24 亿美元。

不久，美国股市风云突变，詹森公司的股票从原来的每股 168 美元狂跌到每股 2 美元，公司宣告破产。

仅仅两年，他就变成了一个身无分文的普通人。那些曾经和他热恋的模特和像苍蝇一样追逐他的媒体全部不见了。詹森四处筹款准备东山再起，但他感到，原来借钱竟然如此困难，没有一家公司、金融机构愿意借钱给他，这让人觉得不可思议。

最后，他从叔叔那里借到了钱，他又注册了一个网站，但风光不再。

詹森说："经过这些事，我终于明白了，金钱只认得金钱，它不会认得人。以前我失败的原因是，我总认为金钱是认得我的。"

有媒体评价说：这位 20 岁的年轻人，以后可以成为一位哲学家。

成 长 智 慧

张狂意味着自命不凡，自命不凡的人常过于自信，过于自信往往会导致惨败的下场。过于张狂是成功的大忌。我们要做到：在成功面前，要保持谦卑；在失败面前，要永不退缩。

愚弄别人取乐，终会愚弄了自己

名人名言

取笑别人就是在取笑自己。——富兰克林

从前，有个富翁十分富有，但他觉得日子过得太平淡。一天，他突发奇想：用说反话来愚弄别人取乐。

他想喝茶时，就对佣人说："我不想喝茶。"佣人就要把茶端上去。

他说："我要喝茶了"，佣人就去把茶具收掉。

开始佣人们很不习惯，时间一长也就习惯了。

富翁对邻居王二说："你向我借的钱不用还了。"

王二想，富翁怎么大发慈悲，变得这么慷慨了。富翁见邻居不理解他的本意，又说："我说的是反话，意思是叫你快还钱。"

王二对富翁说："你要我还钱就直说，何必说反话。"

富翁装出很有学问的样子说："这样说话显得文雅、幽默，你们粗人不懂。"

村民们对富翁的反话很不习惯，有时不免要理解错他的意思。富翁最恨别人把他的反话当真话理解，他常常骂这些人为蠢猪。时间一长，左邻右舍也都慢慢适应了富翁的反话。

一天深夜，两个强盗撬开富翁的院门，又开始撬他家的大门。富翁惊醒了，他急忙大声呼喊："有强盗，快来人啊！"

村子里的人都听到了富翁的喊声,他们想,富翁说的又是反话,闹着玩的,谁也没有理他。强盗见邻居谁也不过来,更加胆大妄为,把富翁家洗劫一空。

第二天,富翁责怪邻居们为什么听到呼救也不过来抓强盗。

王二说:"你不是常说反话吗,我们以为你的意思是没强盗,不要来人。真的来了强盗,你应该喊'没有强盗,不要来人'才对啊!"

富翁哭丧着脸,说:"见强盗撬门,又急又怕,哪里还想到说反话啊!"

成 长 智 慧

在生活中,有些人喜欢愚弄别人来取乐。这些人有很多鬼点子,常常标新立异,但最终的结果往往是失去了别人的信任,愚弄别人不成,反倒愚弄了自己。

自私是一种心理贫穷,往往使美好变成邪恶

自私的心灵是会饱尝它应得的苦痛的。——爱·扬格

从前,有两位很虔诚、很要好的教徒,决定一起到遥远的圣山朝圣,两人背上行囊,风尘仆仆地上路了,他们发誓不达圣山,决不返家。

两位教徒走啊走,走了两个多星期之后,遇见一位白发年长的圣者。圣者看到这两位如此虔诚的教徒千里迢迢要前往圣山朝圣,就十分感动地告诉他们:"从这里距离圣山还有十天的脚程,但是很遗憾,我在这十字路口就要和你们分手了,在分手之前,我要送给你们一个礼物。什么礼物呢?就是你们当中一个人先许愿,他的愿望一定会马上实现;而第二个人,就可以得到那愿望的两倍!"

此时,其中一个教徒心里想:"这太棒了,我已经知道我想要许什么愿,但我不要先讲,因为如果我先许愿,我就吃亏了,他就可以有双倍的礼物。不行!"而另外一个教徒也自忖:"我怎么可以先讲,让我的朋友获得双倍的礼物呢?"

于是,两位教徒就开始客气起来。

"你先讲!""你比较年长,你先许愿吧!"

"不,应该你先许愿!"

两位教徒彼此推来推去，客套地推辞一番后，两人就开始不耐烦起来，气氛也变了："你干什么！你先讲啊？""为什么我先讲？我才不要呢！"

两人推到最后。其中一人生气了，大声说道："喂，你真是个不识相、不知好歹的人啊，你再不许愿的话，我就把你的狗腿打断，把你掐死！"

另外一人一听，没有想到他的朋友居然变脸，竟然恐吓自己！于是想，你这么无情无义，我也不必对你太有情有义。我没办法得到的东西，你也休想得到！于是，这个教徒干脆把心一横，狠心地说道："好，我先许愿。我希望我的一只眼睛瞎掉！"

于是，这位教徒的一只眼睛马上瞎掉了，而与他同行的好朋友，也立刻两只眼睛都瞎掉了！

成长智慧

自私会扭曲人的心理，造成心理贫穷。心理越贫穷就越自私。一个人越自私，就会越快地毁灭自己。其实，我们每个人都很富有，我们应该一起分享而不是独占。

坏念头不可要,否则会加倍地发生在自己身上

宁肯与好人一起咽糟糠,不愿与坏人一起吃筵席。

——托马斯·富勒

一位父亲正在院子里干活,他的儿子帕科放学以后,气冲冲地回到家里,进门以后他使劲地跺脚。看到帕科生气的样子,父亲就把他叫了过来,想和他聊聊。

帕科不情愿地走到父亲身边,气呼呼地说:"爸爸,我现在非常生气。华金以后甭想再得意了。"

父亲一面干活,一面静静地听帕科说:"华金让我在朋友面前丢脸,我现在特别希望他遇上几件倒霉的事情。"

父亲走到墙角,找到一袋木炭,对帕科说:"儿子,你把前面挂在绳子上的那件白衬衫当作华金,把这个塑料袋里的木炭当作你想象中的倒霉事情,你用木炭去砸白衬衫,每砸中一块,就象征着华金遇到一件倒霉的事情,我们看看你把木炭砸完了以后,会是什么样子。"

帕科觉得这个游戏很好玩,他拿起木炭就往衬衫上砸去。可是衬衫挂在比较远的绳子上,他把木炭全扔完了,也才只有几块扔到衬衫上。

父亲问帕科:"你现在觉得怎么样?"

他说:"累死我了,但我很开心,因为我扔中了好几块木炭,白衬衫上有几个黑印子了。"

父亲知道儿子没有明白他的用意,于是便让帕科去照照镜子:帕科在一面大镜子里看到自己满身都是黑炭,从脸上只能看到牙齿是白的。

父亲说:"你看,白衬衫并没有变得特别脏,而你自己却成了一个'黑人'。你想在别人身上发生很多倒霉的事情,结果最倒霉的事却落到自己身上了。有时候,我们的坏念头虽然在别人身上兑现了一部分,别人倒霉了,但是它们也同样在我们身上留下了难以消除的污迹。"

帕科如梦初醒。

成 长 智 慧

很多时候就是这样,笑话别人,往往会被别人所笑话;希望别人倒霉,往往自己会更倒霉。所以,坏念头不可要,因为这于人于己都没有好处,而且这些坏念头还会加倍地发生在自己身上。

错估敌人的实力，等于犯了一个致命的错误

我们的判断像我们的钟声，没有一只走得完全一样，各人信各人的。——蒲柏

从前，有一个常到森林里打猎的猎人，他的眼神犀利如鹰、身手矫健，而且箭法奇准无比，许多动物一见到他，就吓得四处逃命，生怕成为他箭下的冤魂。

这天猎人又到森林里打猎，许多野兽纷纷逃窜，只有一只原本在睡午觉的老虎慢慢站起来，伸了伸懒腰，不耐烦地问："到底发生了什么事，你们怎么这么吵啊？"

正准备逃命的小狐狸，神色紧张地说："猎人来了，再待下去可能连命都没了，不走怎么行？"

老虎神色自若地说："猎人有什么好怕的？我才不想走呢！你也不必怕，我会保护你的，以我的威势和力气，谁也无法赢过我，一个小小的猎人算得了什么！"

小狐狸见老虎一动也不动，好像很有自信的样子，于是决定躲在一旁静观其变。

猎人慢慢地向老虎靠近，老虎怒吼了几声，并且不断地用爪子在泥土上留下爪印，颇有示威之意，因为老虎以为借着凶狠的眼神、震天响的吼声、蓄势待发的动作，会把猎人吓得打退堂鼓。

没想到，就在老虎心里打着如意算盘，表现出一副谁也伤不了我的样子时，一支锋利的箭不偏不倚地射在老虎身上，老虎应声倒下。

这时，躲在树丛里的小狐狸探出头来看看老虎，并且很吃惊地说："你刚刚不是很有把握能打败猎人吗？"

老虎奄奄一息地说："都是我自己太大意了，错估了敌人的实力，才会落得这般下场。"

成 长 智 慧

人总是要生存的，要生存就不可避免地卷入无情的竞争中。在竞争中，高估敌人的实力，会使自己丧失斗志；低估敌人的实力，则会使自己犯致命的错误。

友谊应保持一点距离,太近往往会导致疏远

友谊的破裂,往往是走得太近的缘故。——巴斯卡

有一个关于两位文学大师的故事。

加西亚·马尔克斯是1982年诺贝尔文学奖获得者,巴尔加斯·略萨则是近年来被人们说成是随时可能获得诺贝尔文学奖的西班牙籍秘鲁裔作家。他们堪称当今世界文坛最令人瞩目的一对冤家。

他俩第一次见面是在1967年。那年冬天,刚刚完成《百年孤独》的加西亚·马尔克斯应邀赴委内瑞拉参加一个他从未听说过的文学奖项的颁奖典礼。

当时,两架飞机几乎同时在加拉加斯机场降落。一架来自伦敦,载着巴尔加斯·略萨;另一架来自墨西哥城,它几乎是加西亚·马尔克斯的专机。两位文坛巨擘就这样完成了他们的历史性会面。因为同是拉丁美洲"文学爆炸"的主帅,他们彼此仰慕、神交已久,所以除了相见恨晚,便是一见如故。

巴尔加斯·略萨是作为首届罗慕洛·加列戈斯奖的获奖者来加拉加斯参加授奖仪式的,而马尔克斯则专程前来捧场。所谓殊途同归,他们几乎手拉着手登上了同一辆汽车。他们不停地交谈,几乎将世界置之度外。马尔克斯称略萨是"世界文学的最后一位

游侠骑士",略萨回称马尔克斯是"美洲的阿马迪斯";马尔克斯真诚地祝贺略萨荣获"美洲诺贝尔文学奖",而略萨则盛赞《百年孤独》是"美洲的《圣经》"。此后,他们形影不离地在加拉加斯度过了"一生中最有意义的4天",制订了联合探讨拉丁美洲文学的大纲和联合创作一部有关哥伦比亚—秘鲁关系的小说的计划。略萨还对马尔克斯进行了长达30个小时的"不间断采访",并决定以此为基础撰写自己的博士论文,那篇论文也就是后来那部砖头似的《加夫列尔·加西亚·马尔克斯:弑神者的历史》(1971)。

基于情势,拉美权威报刊及时推出了《拉美文学二人谈》等专题报道,从此两人会面频繁、笔交甚密。于是,全世界所有文学爱好者几乎都知道:他俩都是在外祖母的照拂下长大的,青年时代都曾流亡巴黎,都信奉马克思主义,都是古巴革命政府的支持者,现在又有共同的事业。

作为友谊的黄金插曲,略萨邀请马尔克斯顺访秘鲁。后者谓之求之不得。在秘鲁期间,略萨和妻子胡利娅趁机为他们的第二个儿子举行了洗礼;马尔克斯自告奋勇,做了孩子的教父。孩子取名加夫列尔·罗德里戈·贡萨洛,即马尔克斯外加他两个儿子的名字。

但是,正所谓太亲易疏。多年以后,这两位文坛宿将终因不可究诘的原因反目成仇、势不两立,以至于1982年瑞典文学院不得不取消把诺贝尔文学奖同时授予马尔克斯和略萨的决定,以免出现其中一人拒绝领奖的尴尬场面。当然,这只是传说之一。有人说他俩之所以闹翻是因为一山难容二虎,有人说他俩在文学观上发生了分歧或者原本就不是同路。更有甚者说略萨怀疑马尔克斯看上了他的妻子胡利娅,这听起来荒唐,但绝非完全没有可能。后来,没有人能再把他们撮合在一起。

成 长 智 慧

友谊是人与人之间一种高尚的情感,它能使人不再孤独,它能使人一路相伴着彼此温暖。可朋友之间的距离不可太近,太近会使彼此把对方看得太清,这样往往会导致友谊的破裂。与朋友保持一点距离,这样的友谊才能单纯与长久。

第六章

余生很贵，
别成为欲望和金钱的奴隶

人生一世没有欲望是不行的，没有金钱也是不行的，但不要成为欲望和金钱的奴隶，我们完全有能力做欲望和金钱的主人——我们能够控制自己的欲望，能够合理地赚取和使用金钱。余生很贵，千万别在欲望和金钱面前迷失了自己。

无止境的贪婪，最终会彻底毁灭一个人

过于贪婪，即将毁灭。——尼采

有人听说：沙漠的中心有宝藏。他想得到宝藏，就装备整齐地进了沙漠。可是宝藏没找到，所带的食物和水却吃完了喝尽了。他再也没有力气站起来，他一个人孤单地躺在沙漠里，静静地等待着死亡。他想，哪怕只有一点食物能帮助他走出沙漠也好啊。夜晚，他感觉自己快要死了，就做了最后的祈祷："神啊，请给我一些帮助吧。"

神真的出现了，问他需要什么。他急忙回答说："食物和水，哪怕是很少的一份也行。"神送给他一些面包和牛奶，就消失了。

于是，情况发生了很大的变化。他精神百倍地站在那儿，他不断地责怪自己："为什么不向神多要一点东西？"他带上剩下的食物，继续向沙漠深处走去。

这一次他找到了宝藏，就在他准备把宝藏尽可能多地带一些回去时，却发现食物所剩无几了。为了减少体力消耗，他不得不空手往回走。

但是最后，他的食物和水没有了，他还是躺倒在那儿。死亡之前，神又出现了，问他需要什么。他喃喃地答道："食物和水……请给我更多的食物和水……"

神摇了摇头,叹息道:"你本来是可以平安地回去的,但你没有往回走……"

成 长 智 慧

常言道:知足常乐。然而,生活中有些人却永远也不懂得知足,他们总是在满足了一个欲望以后,又想得到更多,拥有更多,欲望也就继续地膨胀。这永无止境的贪婪,最终会彻底毁灭一个人。

贪欲是一种毒药，谁喝了都无药可救

绝不可有贪心，更不能贪得无厌。——李嘉诚

一天傍晚，两个非常要好的朋友在林中散步。这时，有位僧人从林中惊慌失措地跑了出来，两人见状，便拉住那个僧人问道："你为什么如此惊慌，到底发生了什么事情？"

僧人忐忑不安地说："我正在移植一棵小树，却忽然发现了一坛子黄金。"

两个人感到好笑，说："这僧人真蠢，挖出了黄金还被吓得魂不附体，真是太好笑了。"然后，他们问道："你是在哪里发现的，告诉我们吧，我们不害怕。"

僧人说："还是不要去了，这东西会吃人的。"

两个人异口同声地说："我们不怕，你就告诉我们黄金在哪里吧。"

僧人告诉了他们具体的位置，两个人跑进树林，果然在那个地方找到了黄金。好大的一坛子黄金！

其中一个人说："我们要是现在把黄金运回去，不太安全，还是等天黑再往回运吧。这样吧，现在我留在这里看着，你先回去拿点饭菜来，我们在这里吃完饭，等半夜时再把黄金运回去。"

于是，另一个人就回去取饭菜了。

留下的人心想:"要是这些黄金都归我,那该多好呀!等他回来,我就一棒子把他打死。"

回去的那个人也在想:"我回去先吃饱饭,然后在他的饭里下些毒药。他一死,黄金不就都归我了吗?"

回去的人提着饭菜刚到树林里,就被另一个人从背后用木棒狠狠地击倒,他当场毙命了。然后,那个人拿起饭菜,狼吞虎咽地吃了起来。没过多久,他的肚子就疼痛难忍,他这才知道自己中毒了。临死前,他想起了僧人的话,"僧人的话真是应验了,我当初怎么就没有明白呢?"

成长智慧

贪欲会把人带向罪恶的深渊,让人失去理智。它可以使人相互摧残,相互欺诈,甚至使最好的朋友反目成仇。因此,在生活中,我们一定要克制自己的欲望,切记,"贪"字头上一把刀,一旦变"贪",就会被其所害。

要做金钱的主人，不要做金钱的奴隶

金钱这种东西，只要能解决个人的生活就行；若是过多了，它会成为遏制人类才能的祸害。——诺贝尔

有位信徒对默仙禅师说："我的妻子贪婪而且吝啬，对于做好事行善，连一点儿钱财都不舍得，您能慈悲到我家里去，向我太太开示，行些善事好吗？"

默仙禅师是个爽快人，听完信徒的话，非常慈悲的就答应下来。

当默仙禅师到达那位信徒的家里时，信徒的妻子出来迎接，可是却连一杯茶水都舍不得端给禅师喝。于是，禅师握着一个拳头说："夫人，你看我的手，天天都是这样，你觉得怎么样呢？"

信徒的夫人说："如果手天天这个样子，这是有毛病，畸形的啊！"

默仙禅师说："对，这样子是畸形！"

接着，默仙禅师把手伸展开成了一个手掌，并问："假如天天这个样子呢？"

信徒夫人说："这样子也是畸形啊！"

默仙禅师趁机立即说："夫人，不错，这都是畸形！钱只知道贪取，不知道布施，是畸形。钱只知道花用，不知道储蓄，也是畸形。钱要流通，要能进能出，要量入为出。"

握着拳头暗示过于吝啬，张开手掌则暗示过于慷慨。信徒的妻子在默仙禅师的比喻下，对为人处世以及用财之道，豁然领悟了。

成 长 智 慧

过于铺张或过于吝啬，都容易被金钱所驱使。对于金钱，我们应取之有道，而且要把它用在做有意义的事情上。不管什么时候，都要做金钱的主人，而不要做金钱的奴隶。

不要被金钱蒙住了双眼，否则会迷失了世界

聚敛财富，也即自寻烦恼。——富兰克林

有一个富人，他虽然很有钱，但他却一点都不快乐。一天，富人去拜访一位哲人，请教他为什么自己有钱后变得越发狭隘自私了。哲人将他带到窗前，说："向外看，告诉我你看到了什么？"富人说："我看到了很多人。"哲人又将他带到一面镜子前，问："现在你又看到了什么？"富人回答："我自己。"哲人笑了笑说："窗子和镜子都是玻璃做的，区别就在于镜子多了一层薄薄的水银。但就是因为这一层水银，便叫你只看到自己而看不到世界了。"

很少有人知道，著名的慈善家"石油大王"洛克菲勒，也曾被薄薄的一层水银蒙住了双眼。

洛克菲勒出身贫寒，创业初期他勤劳肯干，人们都夸他是个好青年。可当他富甲一方后，便变得贪婪冷酷，宾夕法尼亚州油一带的居民深受其害，对他恨之入骨。甚至有的居民做了他的木偶像，然后将那木偶像处以绞刑，以解心头之恨。无数充满憎恨和诅咒的威胁信被送进他的办公室，连他的兄弟也不耻他的行径，而将儿子的坟墓从洛克菲勒家族的墓园中迁出，他说："在洛克菲勒支配的土地内，我的儿子无法安眠。"洛克菲勒的前半生就在众叛亲离中度过。当洛克菲勒53岁时，他疾病缠身，人瘦得

像木乃伊。医生告诉他：他必须在金钱、烦恼、生命三者中选择一个。这时他才领悟到，是贪婪的恶魔控制了他的身心。他听从了医生的劝告，退休回家，开始学打高尔夫球，去剧院看喜剧，还常常跟邻居闲聊。他开始过一种与世无争的平淡生活。

后来，洛克菲勒开始考虑如何把巨额财产捐给别人。起初人们并不接受，可是通过他的努力，人们慢慢地相信了他的诚意。洛克菲勒创办了不少福利事业，还帮助黑人。他一生至少赚进了10亿美元，捐出的就有7.5亿美元。人们开始用另一种眼光来看待他。

洛克菲勒的前半生为金钱迷失了方向，后半生千金散尽，他得到了用金钱买不到的平静、快乐、健康和长寿，以及别人的尊敬和爱戴。

成长智慧

> 金钱固然重要，但金钱并不是万能的。如果一个人被金钱蒙住了双眼，便会迷失了自己，也领略不到生活中的真善美，这样的人永远也不会快乐，也永远寻找不到生命的真谛。

钱财乃身外之物,生带不来死带不去

财富减轻不了人们心中的忧虑和烦恼。——提卢布斯

从前,有一位国王,名叫难陀。这位国王拼命聚敛财宝,希望把财宝带到他的后世去。他心里想:"我要把一国的珍宝都收集到我这儿来,不能让外面有一点剩余。"

因为国王贪恋财宝,所以他规定:谁想结交他的女儿,就要带着财宝当见面礼。他吩咐在身边服侍她的人说:"要是有人带着财宝来结交我的女儿,把这个人连同他带的财宝一起送到我这儿来。"他用这样的办法聚敛财宝,全国没有一个地方还有金钱宝物,所有的金钱宝物都进了国王的仓库。

那时有一个寡妇,她只有一个儿子,她对他极为疼爱。她的儿子看见国王的女儿姿色美丽,容貌非凡,非常喜欢。但是他家里没有钱财,没法结交国王的女儿。为了这事,他生起病来,身体瘦弱,气息奄奄。他母亲问他:"你害了什么病,怎会病成这个模样?"

儿子把事情告诉了母亲,说:"我要是不能和国王的女儿交往,必死无疑。"

母亲对儿子说:"可是国内的金钱宝物,一无所剩,到哪里去弄到宝物呢?"母亲又想了一会,说:"你父亲死的时候,口里含有一枚金币。你要是把坟墓挖开,就可以得到那枚金币,你就可以用那枚金币去结交国王的女儿。"

儿子照着母亲的话,挖开父亲的坟墓,从他口里取出那枚金币。他拿着金币,来到国王女儿那儿。这时国王的女儿便把他连同那枚金币送去见国王。国王见了,说:"国内所有的金钱宝物,除了我的仓库中,都荡然无存。你在哪里弄到这枚金币?你今天一定是发现了地下的宝藏了吧!"

国王用了种种刑法,拷打寡妇的儿子,要问清楚他得到金币的地方。寡妇的儿子回答国王说:"我真的不是从地下的宝藏中得到这枚金币的。我母亲告诉我,先父死的时候,口中含着一枚金币。我挖开坟墓,由此得到的它。"

国王派了个亲信去验证真假。这亲信亲眼看见了此人父亲口中放金币的地方,这才相信了。国王听了亲信的报告,心里暗自想道:"我先前聚集一切宝物,想的是把这些财宝带到后世。可是死人,一枚金币尚且带不走,何况我这么多的财宝呢?看来钱财只不过是身外之物而已。"

成长智慧

虽说没有钱财不行,但千万不要把钱财看得太重,更不要刻意去追求。因为,钱财只不过是身外之物而已,生带不来死也带不去。

有多少金钱，就会产生多大的欲望

名人名言

最容易上瘾的毒品是金钱。——唐·马奎斯

一位心理学教授带着学生，就人们对金钱的欲望进行调查。

一天，他们来到街上，正好看到向过往的行人要钱的乞丐，就确定他为调查对象。说明来意，讲清报酬后，他们对乞丐提出明确要求：对提出的问题要实事求是地回答，心里怎么想的，嘴上就怎么答，如果我们断定是说假话，将酌情从报酬中扣除。乞丐满口答应。

教授问的第一个问题是："如果你现在有10元钱，你最想干的是什么？"

乞丐立即回答："我先跑到熟食店买一只烧鸡，两瓶啤酒，找个僻静的墙根，吃个美喝个够，再晒着太阳睡上一觉。"

"如果现在你有100元呢？"

乞丐答道："买上两只烧鸡，3瓶啤酒，把在地铁口要钱的老伴叫上，好好地吃上一顿。然后找个招待所，痛痛快快地洗个澡，再美美地睡上一觉。"

"如果现在你有1000元呢？"

乞丐一愣，接着很难为情地回答："可我从小到现在从没有过1000元呢。"

教授很严肃地说:"现在是假如,让你说的是假如。"

"那我先要买上一身好衣裳,然后像你们一样体体面面地走在大街上,四处逛逛,看看风景,再不睡在街头了,让联防、公安问来问去,连个好觉也睡不上。"乞丐很心酸地回答。

"如果现在你有1万元呢?"

乞丐立即来了精神,头一昂高兴地回答:"我立马回老家,盖间新房子,置一块好地,春夏种种庄稼,冬来打打麻将。"

"如果现在你有10万元呢?"

教授急切地问他。乞丐微微一愣,幸福顿时溢满脸庞,他喜滋滋走到教授身边,悄悄地说:"和城里的大款一样,穿金戴银,住别墅,开小车,带小蜜到歌厅唱唱歌——天下有什么乐事,我都想试试。"

教授和学生们听了乞丐的话都面面相觑,随即教授给了乞丐100元钱作为报酬。可是乞丐接过钱并没像他说的那样,立即奔向熟食店,而是笑眯眯地看着教授,仿佛在问还问什么问题,还能给多少钱?

成 长 智 慧

在现实生活中,金钱和欲望往往是紧密相连的。金钱是水,欲望是船,水落船低,水涨船高。有多少金钱,就会产生多大的欲望,这是普通人的一般心理。如果你想超越普通人,就要抛弃这种欲望无边的心理。

想得到越多的东西，失去的往往就越多

名人名言

金子中有置人死地的毒药。——塞内加

从前，有一个人很穷，穷得连床也买不起，家徒四壁，只有一张长凳，他每天晚上就在长凳上睡觉。这个人很吝啬，他也知道自己的这个毛病，可就是改不了。

他向佛祖祈祷："如果我发财了，我绝对不会像现在这样吝啬。"

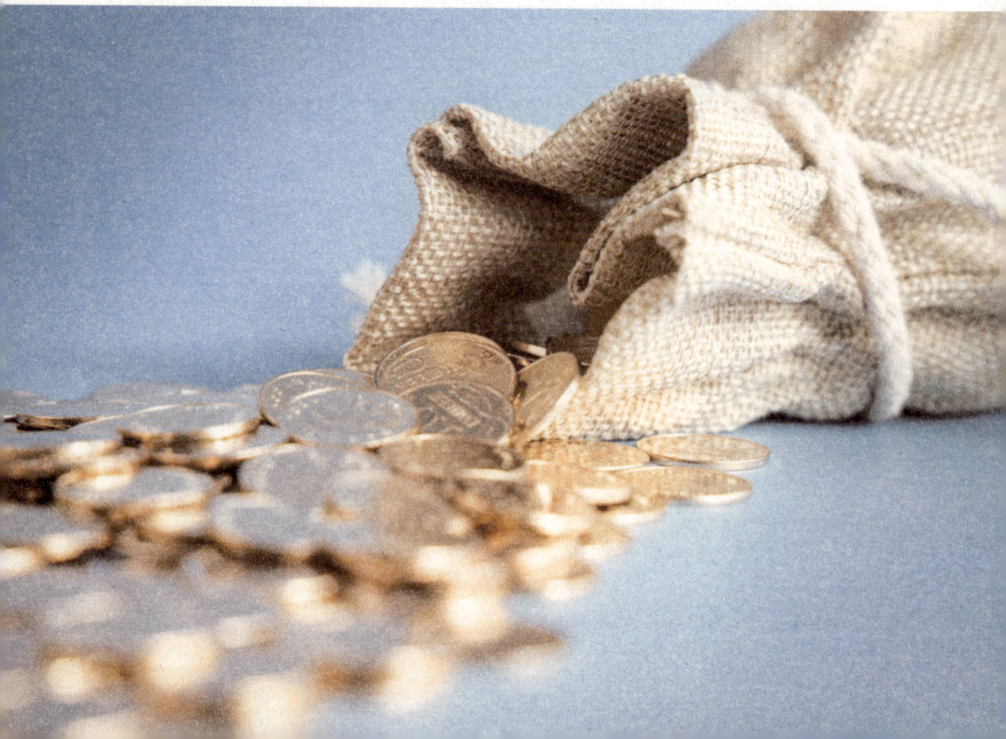

佛祖看他可怜，就给了他一个装钱的口袋，说："这个袋子里有一个金币，当你把它拿出来以后，里面又会有一个金币，但是当你想花钱的时候，只有把这个钱袋扔掉才能花钱。"

那个穷人欣喜若狂，他不断地往外拿金币，整整一个晚上没有合眼，地上到处都是金币。这一辈子他就是什么也不做，这些钱也足够他花的了。

每次当他决心扔掉那个钱袋的时候，他都舍不得。于是他就不吃不喝地一直往外拿金币，屋子里堆满了金币。可是他还是对自己说："我不能把袋子扔了，金币还在源源不断地出来，还是等钱更多一些的时候，再把袋子扔掉吧。"

到了最后，他虚弱得连把金币从口袋里拿出来的力气都没有了，但他还是不肯把袋子扔掉，终于他死在了钱袋旁边。

成长智慧

无论做什么事，都要适可而止，适可而止是一种明智之举；同时决不可贪得无厌，因为想得到越多的东西，失去的往往就越多，甚至包括生命。

很多时候，权力只是一个陷阱

无限的权力会毁掉它的占有者。——威皮特

作家牟丕志写过这样一则寓言。

黑熊、灰狼、狐狸是一个强盗团伙，它们经常袭击村里的羊群，使羊群总也不得安宁。

羊群中的头羊决定采取一些方法对付这伙强盗，它采用了进谗言、挑拨离间等办法，但是没有成功。因为黑熊、灰狼、狐狸团结得很紧密，它们并不相信谣言。

不久，头羊老死了。死前，它把位置交给了一只聪明的年轻羊。这只聪明的年轻羊并没有直接上任，而是提出了一个令羊群十分吃惊的建议：要请黑熊、灰狼、狐狸其中的一个来担任羊群的头领。开始大家都不同意并坚决反对，但是被委以重任的年轻山羊却坚持自己的主张。

它让其他动物把这一决定传达给黑熊、灰狼、狐狸，它们都十分兴奋，谁要是当上羊群的头领，就意味着拥有了整个羊群的指挥权，这里有太多的好处了，大家心知肚明。可是，由谁当这个羊群的头领呢？

黑熊心想：我在团伙中力气是最大的，做的贡献也说得过去，这羊群的头领应由我来当。

灰狼也在心里盘算：我在团伙中最凶猛，平时咬死的山羊也最多，论贡献我应该是最大的，这羊群的头领理应由我来当。

狐狸想：我在团伙中最聪明，每次都是我出谋划策，很多点子也都是我想出来的，我起的作用最大，这羊群的头领应由我来当。

它们为此争执起来，谁也不服谁，火气越来越大。

黑熊首先起了杀机，它决定用武力除掉灰狼和狐狸。黑熊趁灰狼不备时忽然向它发起了攻击，一下子就咬断了狼的脖子，把狼先除掉了。黑熊正准备向狐狸下手，狐狸看出了黑熊的心思，

它处处防备着黑熊。同时,狐狸也准备除掉这个大块头。

一天,狐狸终于想到了一个办法,它找到一个经过猎人伪装的陷阱,陷阱上面盖有一层树枝。于是,它便躺在上面假装睡觉,狐狸身体轻,并没有陷下去的危险。黑熊以为自己找到了动手的机会,于是它猛地扑向狐狸,狐狸迅速地躲开了,可黑熊却一头栽进了陷阱。剩下的只有狐狸了,但它已势单力薄,对羊群构不成什么威胁了。

这时,众羊才明白聪明的年轻羊一开始的初衷,更明白了权力原来只是一个陷阱。

成长智慧

大多数人都拥有权力欲望,从某种意义上讲,这种欲望是值得肯定的。但有时这种权力欲望,恰恰是一个陷阱,会迷失一个人的心智,会毁掉一个人的本性。看看那些落马的贪官,我们就不难明白:很多时候,权力本就是一个陷阱。

不要为了小利益,而放弃远大的梦想

不要怀有渺小的梦想,它们无法打动人心。——歌德

亨利从小家里就很穷,但是家里却充满了爱和关心,所以,他是快乐而有朝气的。他知道,不管一个人有多穷,他仍然可以怀有远大的梦想。

他的梦想就是成为一名运动员。在他 16 岁的时候,他就能够压碎一只棒球,能够以每小时 90 千米的速度扔出一个快球,并且撞在球场上移动着的任何一件东西上。他的高中教练是奥利·贾维斯,他不仅相信亨利,而且还教他怎样自信。他教亨利知道:拥有一个梦想和足够的自信,会使自己的生活有怎样的不同。

贾维斯教练对他所做的一件特殊的事情,永远地改变了他的生活。

那是在亨利低年级升入高年级的那个夏天,一个朋友推荐他去做一份暑期工。这是一个挣钱的机会,有钱他可以和女孩子约会,当然,有钱还可以买一辆新自行车和几件新衣服,还意味着这是为母亲买一座房子的储蓄的开始。这份夏日的工作对亨利来说极具诱惑力,这使他高兴得跳了起来。

接着,他意识到如果他去做这份工作,他就必须放弃暑假的训练,那意味着他必须得告诉贾维斯教练他不能去练球了。当他把这件事告诉贾维斯教练的时候,教练真的像他预料的一样生气了。

"你还有一生的时间可以去工作,"教练说,"但是,你练球的日子是有限的,你根本浪费不起!"

亨利低着头站在他面前,努力想向他解释,为了实现替妈妈买一座房子的梦想,即使让教练对他失望,他认为也是值得的。

"孩子,你做这份工作能挣多少钱?"教练问道。